湛庐CHEERS

与最聪明的人共同进化

HERE COMES EVERYBODY

蒙台梭利教育精华

让孩子自信又独立

APPRENDS-MOI À FAIRE SEUL

[法] 夏洛特·普桑 著
Charlotte Poussin
尹亚楠 译

浙江科学技术出版社

谨以此书献给

希望了解蒙台梭利教育法，培养独立自信的孩子，从而帮助孩子走向自由的家长。

打算或者已经让孩子进入蒙台梭利学校的家长。帮助他们更好地理解蒙台梭利教育法，为孩子的发展提供更有利的条件，并使家庭和学校的环境更加和谐。

想深入理解儿童和教育的人们。

教育的问题在哪里

陈禾
亲子教育专家

国际蒙台梭利协会主席安德烈·罗伯弗洛伊德（André Roberfroid）教授说过："教育到处都危机四伏。"的确，教育制度、教育理念、教学方法、学校设备、教师和家长，每一个都是教育成败的决定因素。在中国，尤其是学前教育阶段，即使有了蒙台梭利教育这么完善的教育理念与教学方法，依然乱象丛生，这是为什么呢？

中国家长都很注重孩子的教育，往往孩子还没出生就在谋划未来孩子要上的幼儿园、小学。大家都盯着"名校"，哪怕门槛再高，也要倾尽身家、想尽办法把孩子送进去。在这个前提下，提供优质教育、拥有金字招牌的蒙台梭利幼儿园当然是首选。顺应"市场需求"，这几年有许多幼儿园或重建或扩建，纷纷挂起了"蒙台梭利幼儿园"的牌子。

然而，问题并没有因此而解决。挂起“蒙台梭利幼儿园”“蒙台梭利早教中心”的牌子并不能保证这些幼儿园提供的就是优质教育。一方面，在与家长交流的过程中，我发现不少家长提到孩子在蒙台梭利幼儿园学习的情况时都有所不满，对孩子未来的升学有所担忧。另一方面，在对个别幼儿园或早教中心的调研中，我也发现一些蒙台梭利幼儿园或早教中心的确存在背弃蒙台梭利教育理念、设备简陋、教具短缺、教师缺乏专业能力等现象。设备不足及教师培训不到位是管理单位的问题，外人很难插手。我关心的是，为什么教师的专业能力没有明显改进呢？家长对蒙台梭利教育环境及蒙台梭利教学方法怎么会存有那么多不满呢？

我发现问题的关键在于：一些蒙台梭利幼儿园或早教中心的教师，除了当初接受过有限时间的培训以及在园长指导下工作之外，就很少有进修的机会，想自学也很难找到蒙台梭利教育法相关的图书或参考资料。家长的自学就更别提了。不少人送孩子进蒙台梭利幼儿园完全是基于“名牌效应”，其实对蒙台梭利教育理念和教学方法一无所知，以看待一般幼儿园的眼光来看待蒙台梭利幼儿园，因此产生了种种误解。即使他们想学习如何配合幼儿园来提高孩子的学习能力，也无法找到可以阅读的书刊。基于这个理由，中国特别需要多引进一些与蒙台梭利教育法相关的著作。

本书作者是法国著名的蒙台梭利教育专家，也是蒙台梭利幼儿园的资深园长，更是蒙台梭利幼儿园小朋友的家长。因此，她的这本书不仅仅是为教师而写，也是为家长而写。许多家长对蒙台梭利幼儿园有误解，通过阅读这本书可以澄清这些误解，并进一步了解如何配合蒙台梭利幼儿园，引导孩子进行全面的学习。还需要指出的是，本书的译者也是蒙台梭利教育专家，在法国蒙台梭利幼儿园工作过，并和作者是朋友，因而能够准确传达蒙台梭利教育理念与教学方法，也能够充分传达作者撰写本书的意图。

爱是教育的源泉

陈爱娣
国际蒙台梭利协会
中国隶属协会创始人

帮助孩子身心自然发展是我一直以来的梦想。我是在大院子里长大的，从小就特别喜欢孩子。因为这样一份爱孩子的情结，我选择了幼儿教育专业。1980 年上学期间，我在图书馆翻阅到一本颇有些年份的书——玛丽亚·蒙台梭利博士所著的《童年的秘密》(*The Secret of Childhood*)。当时的我一下子就被它吸引住了，蒙台梭利博士那份对孩子的理解与尊重，从那薄薄的纸页中透出的温暖与爱意，多年来一直萦绕于怀。

成为一名幼儿教师之后，在与孩子的朝夕相处中，通过细致的观察和思考，我对蒙台梭利教育理念的科学性更加确信。传统意义上的"班级纪律特别好"，意味着小朋友要乖乖地坐在那里，不能随意表达自己的需求，更不能随意行动。那种迫于外界压力的服从，怎么可能促进孩子形成真正的自律意识呢？孩子的天性是开放的、好动的、追求快乐的，他们需要在完备和自由的环境里才能自然地成长。

1998 年，我被任命为浙江省级机关武林门幼儿园园长，我上任后做的第一件事就是引进蒙台梭利教育，并持续地送教师到全国各地培训学习。我坚信，蒙台梭利教育理念是能真正帮助孩子、成就孩子的。这一理念早已在世界上的许多国家传播开来，并与当地文化融合，不断衍生出新的解释。武林门幼儿园作为儿童发展研究领域的追梦者，在摸索的道路上不时要面对各种风潮、理念，但寻求深入了解蒙台梭利教育的决心反而更加坚定了。

2006 年，我有幸接触到国际蒙台梭利协会主席安德烈 · 罗伯弗洛伊德先生。国际蒙台梭利协会对蒙台梭利教育的理解和坚持以及高水准的教师培训，让我如沐春风。于是从 2008 年起，我和 28 名武林门幼儿园的教师一起参加了国际蒙台梭利协会标准严苛的教师培训课程。那几年的学习是疯狂的，但是大家都能放弃寒暑假期，坚持学完所有课程。

当罗伯弗洛伊德先生邀请我为普桑女士的这本新书写序的时候，我感到非常荣幸，也觉得这是同为教育者的一份责任。2007 年，蒙台梭利百年暨国际儿童教育学术交流大会在杭州举办时，我与普桑女士有过数面之缘。她是极具经验的蒙台梭利教育研究者和实践者，那份对教育的热忱和期待，跨越了国界和语言的藩篱，使我深受感动。

蒙台梭利教育不仅是一种教育模式，更是一种新的世界观，它是从儿童的角度思考世界的未来的。这就是蒙台梭利教育工作者会如此坚持自己的信念，执着于这份“为了生命的教育”的原因。只要教育不是为了人类更美好的未来，就不能算作成功！这样的想法，应该播撒在更多成年人的心中。

15 年来，我们一直走在培训的路上，走在追求真正能帮助孩子身心自然发展的路上。如今的武林门幼儿园，户外和室内环境都是根据孩子发展的需求设置的，教室中的五大区域，即生活区、感官区、语言区、数学区、科学文化区，都有适合孩子使用的各种教具和工具，孩子能在那里专注而独立地工作。幼儿园的教师全部拥有国际蒙台梭利协会认证的教师证书，平均受训时间超过 665 小时；更为重要的是，他们已经将帮助孩子身心自然发展作为终生的事业和信仰，学会谦虚地为孩子的心灵服务。这里的孩子不再被视为成年人的附属品，逐渐展现出个性和天赋，成为“独立且受尊重”的个体。家长也转变为蒙台梭利教育理念的实践者和传播者。这一切改变，都来自我们对蒙台梭利教育不断深入的探索和将之与中国文化相融合的努力。

身为一名蒙台梭利教育者，我也希望有更多的幼儿园和家长能真正理解蒙台梭利教育理念的精髓，更多的小朋友能因此而受益。有时候，只要父母和教师的一个动作、一个眼神，就能道尽对孩子无限的爱和理解。每当我看见成年人蹲下身来，轻轻拉住孩子的手，温和而坚定地注视着孩子的时候，就能感觉到我们离蒙台梭利博士描绘的明天更近了。

我希望，读者在阅读这本凝聚了不少教育者心血的书时，能和当年的我一样，从字里行间感受到作者对孩子绵绵不尽的爱意。这份爱，自蒙台梭利教育诞生以来，一直薪火相传。这份爱，才是蒙台梭利教育生生不息、不断发展的源泉！

给孩子一个明亮的未来

安德烈·罗伯弗洛伊德
国际蒙台梭利协会主席

半个世纪以来，我们见证了许多关于教育改革与创新的辩论和研讨。每次各方观点激烈交锋，最终都只是于细微处稍做改动，伤不到筋，动不到骨。在法国如此，在欧洲其他国家如此，在全世界其他地方也是如此。

简而言之，教育在所有国家都有其不尽如人意的地方。哪里都有抱怨受过教育的人与社会需求脱节的声音。面对这种现状，家长、教师、政府和专家似乎都束手无策。

但是，如果讨论的问题本身就有问题呢？现在的教育体制就是努力让孩子为未来社会的需要做准备，然而未来是不可预测的，所以教育者一开始的定位就不对。如果我们认可孩子生来就有各种潜能，比如创造力、交际能力和适应能力，那么接下来对教育提出的要求就截然不同了。教育不再是填鸭式的，而是开发孩子已有的天赋，引导他们适应一个变化着的世界，并学会与别人和谐相处。

蒙台梭利博士的过人之处就是找到了这个问题的症结，从而提出了具体的解决办法。能够为本书作序，我深感荣幸，本书作者详细地阐释了蒙台梭利博士的教育研究，不仅介绍了蒙台梭利教育法，还分享了实践这种教育法的切身经验。在阅读过程中，我们可以发现一个具体的蒙台梭利教育环境是怎么样的。另外，最重要的是，我们明白了它为什么能行得通。

蒙台梭利教育法不只是一种简单的教学方法，它颠覆了传统的教师和学生之间的关系。在蒙台梭利教育中，教师转型成了一名引导者，孩子成了教学中的主角。孩子不再是被动地接收知识，而是全身心地参与活动。在这种新型教育模式中成长起来的年轻人，不仅个性和社交能力会得到平衡发展，还会对社会的进步起到积极作用。

1933 年，玛丽亚·蒙台梭利在发表于《纽约时报》的一篇文章中写道：

> 世界如果不被幻觉和对未来的恐惧所控制，那么就需要

> 自我的重新建设。而这种自我的重新建设，不是靠科技，不是靠社会研究，也不是靠女性的解放，而是靠儿童的自由。帮助儿童从成人的控制中解放出来，自由、全面地开发自己的个性，就是重建社会和创造新世界的真正希望。

这篇文章在当时引起了人们对教育方式的深刻思考。我们了解到，蒙台梭利教育法确实是面向未来的，它不仅着眼于孩子个性的全面发展，也为孩子融入社会做好了准备。然而，我们看到的现状却是，大部分孩子在成长过程中背负着三座大山：过度保护、过度压抑和过量饮食！我们呈现给孩子的是一个畏惧变化的世界，一个扼杀所有创造力、沉迷于电视机、宣扬读书高于一切的理论的世界。所以，我们会发现社会上有那么多过于追求物质生活，却缺乏教养、胆小暴躁、最终被社会否定和抛弃的新一代。

我们本可以避免这一切的发生，比如这本书阐释的蒙台梭利教育法，就提供了解决上述问题的一种可能性，而且它已经过一个世纪的检验，这足以证明它是行之有效的。在阅读本书的过程中，我们会发现孩子身上拥有超越成年人的能力和潜质。孩子是天然的开拓者：他们拥有惊人的耐性，知道如何从身边的环境中自发地获得知识，轻松地在试错中学习知识；他们将外界的变化看作丰富自己的机会，事物的多样性激发的是他们的兴趣，而不是恐惧和焦虑；他们还知道怎样解决冲突，可以在与他人的激烈争吵后，以惊人的速度再与对方和好。这些都是人类和谐共存的条件。

这里不是武断地说要放任孩子才能让他们积极、和谐、自由地成长。相反，这种教育很严格，它要求教师真正懂得“教”的艺术。与孩子建立一种非控制的关系并不是那么容易，教师要不断反省自己，通过观察来不断提升自己，从而在孩子自我发展的过程中提供指导和支持。蒙台梭利教室并不是一个自由散漫的地方，而是一个有纪律、有组织的环境，常常令参观者惊讶。此外，本书也特别强调父母的作用必不可少，要求家长和老师紧密合作。管理一个蒙台梭利教室，是一项艰巨而有趣的任务。

想象一下每个年轻人都自信、开朗、无畏、充满创造力的世界吧！这样的世界是完全可能的，这本书就是实现这种可能的答案之所在。

目录

你了解蒙台梭利教育的精华吗?

扫码激活这本书
获取你的专属福利

扫码获取全部测试题及答案
看一看你是否了解
蒙台梭利教育的精华

- 蒙台梭利教育法最初是为了培养高智商的儿童吗？

  A. 是

  B. 否

- 在蒙台梭利的教育理念中，儿童就像：

  A. 小溪

  B. 糖果

  C. 海绵

  D. 布娃娃

- 当孩子突然说不想去上钢琴课的时候，父母最先做的应该是：

  A. 威胁孩子，告诉他如果不去就增加每天练琴的时间

  B. 倾听孩子的感受

  C. 立刻开始碎碎念："你报了一年的课……"

  D. 给孩子讲很多学习钢琴的好处

扫描左侧二维码查看本书更多测试题

什么是教育

“儿童是人类之父。”

——《彩虹》，威廉·华兹华斯

法国人文主义思想家蒙田在《随笔集》中写道：“教育，并不是填满一个花瓶，而是点燃一团火焰。”毫无疑问，玛丽亚·蒙台梭利是受此启发而写出“儿童不是需要我们填满的花瓶，而是能够喷涌的泉口”这句话的。

我们常常听说蒙台梭利教育法，但它到底是什么呢？是一种放任孩子，给他全部自由的方法吗？还是一种培养“小皇帝”的哲学理念呢？全都不是。这是一种将孩子置于教学中心的教育模式，以最尊重孩子的方式，全面培养孩子的个性发展。

教育法就是教育的科学。但什么是教育呢？柏拉图将其定义为培养的艺术；苏格拉底认为它是精神培养的艺术，通过谦卑、公平的方式，帮助与之对话的人表达出自己的所思所想。教育就是提出好的问题，然后由学生自己找到好的答案，并且有组织地表达出来。因此，教育被看作激发学习能力的催化剂。

同样，蒙台梭利教育法认为，教育是生命的助力。教育孩子，并不只是抚育他成长，而是要在他个人探索发展的路上陪伴他。当然，如果不顾及我们的文化习惯也是行不通的。这种教育法让我们改变对孩子的观念，不再把孩子看作需要我们改造的未来的成年人，而是将他们看作一个正在成长的个体，一个通过我们的帮助，可以自我发展的完完整整的人。我们要尊重孩子与生俱来的特质。教育者的任务就是陪伴孩子自我发展，因此需要在“放任”和“管束”之间保持最佳平衡。教育的目的，就是促进孩子精神的发展和提升成年人与孩子关系的质量。这种关系的质量至关重要，我们越是以孩子为中心，越是用心关注他们，孩子就越会愿意接受我们给予的教育。

在传统的教育法中，教师传授知识，孩子适应教师的节奏，但有时候孩子吸收知识的过程是很被动的。例如，在一个有 30 名学生的教室里，教师讲解一个新知识的时候，可能有 10 名学生没有听懂，因为他们还没做好准备；另外 10 名学生什么也没有学到，因为他们已经掌握了这个知识；只有最后的 10 名，也就是 1/3 的学生，能够从中受益，因为这些知识讲得恰是时候。这种情形对于前面那 20 名学生是不利的。在这种状况下，大部分学生会注意力不集中，干扰正常的教学秩序，教师也不得不花费时间和精力维持课堂纪律。如果换一种教学模式，教师能够跟随每个学生的节奏，激发每个学生的潜能，同时不让跟不上的学生感到有压力，也不阻碍学得快的学生走得更远，这样不是两全其美吗？

只要在一个有利的环境中，教育者通过蒙台梭利教育法激发孩子的兴趣，适应孩子的节奏，孩子就能轻松学到知识。我们常常以为幼儿园的孩子不能长时间地集中注意力，然而，当孩子选择了自己想做的活动时，就会表现出惊人的专注力，原因在于那项活动满足了他内心发展的强烈需求。相反，如果某项活动是强加给他的，就完全是另外一回事了。

自由选择能满足孩子探索发现的需求。孩子是个永远无法满足的小小探索者，时时刻刻在寻找着自己的目标。随着他的现实体验不断增加，他也在实际行动中学习知识。有时候孩子会不停地重复同一项活动，直到有了进步，掌握了那个动作或拥有了那项能力才会开心。当他完成工作的时候便会感到无比充实。孩子专注的时刻就是他自我建构的时刻。我们永远都爱看孩子那专注的表情，体会他们小小的脸蛋上洋溢着的幸福感！孩子在做自己喜欢的事情时非常平静和安详，他的求知欲也得到了满足。他学得越多，就越想学得更多，他对知识的渴望永无止境！这难道不是教育的目的吗？在我看来，热爱学习，知道怎样研究、怎样发现，比起死记硬背那些很快会忘记的知识更重要。

作为一个已经工作了很多年的蒙台梭利教师，我以亲身经历证明，在一个尊重孩子的蒙台梭利教育环境中和孩子们一起工作是一件多么幸福的事。一个教室里二三十个孩子，每个人都做着自己喜欢的工作，安安静静的，因为每个人都很自律，并专注于自己选择的工作，都想完成得最好。而且这里也没有评分和竞争。

蒙台梭利教育法的目的是帮助孩子全面地发展，为此就要给他们提供一个个体化的过程，和适应他们自己发展节奏的环境，这里没有超前或者落后的概念。我们可以用学习走路来举例。有的孩子在 10 个月时就会走路了，有的可能在 18 个月时才学会，但最后所有的孩子都学会了走路。什么时候走出第一步其实并没有那么重要，重要的是要在孩子准备好的时候学习走路，这样才可以让他保持自信。

蒙台梭利教育法鼓励孩子一切都自己来，陪伴孩子的成年人要为此给予赞许和支持的目光，这样能够增加孩子对工作的热爱。孩子天生渴望学习和成长，在对的时间满足他的这种渴望是我们能够给予孩子的最好礼物。给予他自由与内心的平和，换句话说，就是给予他幸福！

在本书的结尾，你会看到几项蒙台梭利班级的活动，但这只不过是一些小例子，关键是希望你能从中受到启发。在蒙台梭利教育法中，最重要的是理念和看待孩子的眼光，以及一种充满爱和尊重的教育方式。我们真正的目的是让孩子独立自主，有责任，有自信！因为孩子有 4 个基本需求：被爱、被信任、被尊重、被支持。

希望这本书能帮助你充分利用和孩子在一起的所有时光，和他们共享幸福的生活！

Apprends-Moi à Faire Seul

第 1 章

思想起源：

蒙台梭利教育的星星之火

APPRENDS-MOI À FAIRE SEUL

蒙台梭利是教育先锋、
灵魂导师，
她将一生都奉献给了
儿童教育。

1870 年 8 月 31 日，玛丽亚·蒙台梭利出生在当时意大利安科纳省（la province d' Ancône）一个叫作基亚拉瓦莱（Chiaravalle）的小镇。她是独生女，父亲是政府职员，非常严厉，母亲出生于一个研究员的家庭。父母为了让她接受良好的教育，在她 14 岁的时候决定举家搬到罗马。

| 从医学女博士到享誉世界的教育家 |

蒙台梭利不顾众人反对选择了医学专业，由于当时只有男性才可以学医，因此她克服了很多困难。这的确是场艰难的斗争，不过也体现了她的韧性和勇气。蒙台梭利常常要在课后独自一人做解剖，因为在当时，一个年轻女子在一群男生面前做解剖是有违礼数的。1897年，蒙台梭利成为意大利第一位获得医学博士学位的女性。

接下来，蒙台梭利在法国、英国和意大利分别学习了生物学、心理学和哲学。当她在罗马的一家心理诊所为一群智障儿童工作时，她认为这些孩子更需要心理援助而不是药物治疗。不久之后，意大利创办了一家智障儿童园，并委托蒙台梭利管理。在那里，她照顾着罗马大部分的智障儿童，不知疲倦地观察他们，努力开发这些智障儿童的智力。蒙台梭利希望那些孩子能够得到尊重，智力能够被开发，希望他们更加活跃、更加自信。她还在很多会议上站出来保护他们的权利和尊严。

蒙台梭利的教育思想受到了19世纪两位法国医生的启发，一位是让·伊塔尔（Jean Itard），另一位是爱德华·塞甘（Édouard Seguin）。伊塔尔医生因发现著名的狼孩维克多而知名。维克多10岁时在法国东南部城市阿维尼翁（Avignon）的森林中被发现，这个野孩子活得像个动物，没有人类的生存技能，离群索居。法国导演弗朗索瓦·特吕弗（François Truffaut）由此受到启发，拍了一部赫赫有名的电影《野孩子》（*L' Enfant Sauvage*）。塞甘则发明了一个针对智障儿童的教具。蒙台梭利从这个教具中获得灵感，开始利用教具为智障儿童工作。

在智障儿童园，孩子们的进步是惊人的，尤其体现在书写和阅读上，一些孩子甚至在小学期末考试中取得了优异的成绩。这次成功让蒙台梭利更加激情澎湃，她认为这些教育方式同样适用于正常儿童。所以，她决定要研究阻碍正常儿童发展的因素，并开发适合正常儿童发展的教具。一个新的机会马上就要出现了。

| 成立第一所“儿童之家” |

蒙台梭利在罗马大学的教育学院做了 4 年教授，专门研究人类学和教学法应用，后来她获得一个机会，创办了一家为正常儿童服务的机构。在罗马圣洛伦佐（San Lorenzo）的一个贫困区，家长们将孩子托付给了她。1907 年 1 月，蒙台梭利开办了第一所“儿童之家”（Casa dei Bambini）。她专门定制了很多适合孩子的桌椅，这在当时也是首创。她雇用了一名助手，一起来照顾 15 个孩子，教他们使用以前给智障儿童使用过的教具。

蒙台梭利为孩子们准备了一个环境，在这个环境中，她以研究者的身份来观察孩子，发现他们的天赋，以此帮助他们自发地成长。她通过不断调整这些教具来适应新的研究发现，同时开发了更多新的教具。她对孩子们专注和自律的能力感到无比惊讶。在这里，她积累了很多经验，她发现孩子们需要秩序，需要自由选择，更需要不断重复活动直至他们自己满意，因为他们关注的是活动的过程，而不是结果。

就这样，蒙台梭利逐渐探索出一种可称为“科学教学法”的全新方法，最后形成了“蒙台梭利教育法”。她发现这些孩子将有关卫生和秩序的好习惯带回到家里，就连这个贫困区的阳台都因此变得生机盎然了。孩子们将他们绽放的光彩带给了身边的人们。

| 蒙台梭利教育惠及全球千万孩子 |

社会各界看到了这些孩子惊人的进步，国际新闻界也争相报道，全世界的人都来参观这所学校！于是另一所“儿童之家”在罗马的另一个贫困区开办起来。蒙台梭利以“教育、儿童和儿童的发展”为主题撰写了许多著作。所有人都想了解她常常提到的“自学教育”有什么秘诀，但其实没什么秘诀，这只是一个方法，一种观念。

为了回应越来越多的培训需求，蒙台梭利在 1909 年创办了针对 3 ～ 6 岁儿童教育的培训课程，后来又发展了针对 6 ～ 12 岁儿童教育的培训课程。在 1913 年，她将这些培训课程推广到全世界。这些培训旨在用标准化的方式推广蒙台梭利教育法，使学员掌握一些基本的原则，改变成年人看待孩子的眼光，达到回归自我和人道关怀的目的。学校发展迅猛，但这种闪电般的发展在 1914 年第一次世界大战时被迫中断了。随后，蒙台梭利来到美国，当时的美国已经有几百所蒙台梭利学校了。

蒙台梭利还是会定期回到欧洲参与教育活动，不过由于战争频发，她又不得不匆忙地回到美国。那时她已经在很多国家做过演讲和培训，培训了大约 5 000 位教育者，她希望蒙台梭利教育法以尊重孩子为基本原则。为了保护和推广这种教育法，她建立了国际蒙台梭利协会。直到今天，这个协会仍然很活跃，在许多国家都有分部，其总部位于荷兰的阿姆斯特丹。

1934 年，当法西斯席卷意大利的时候，蒙台梭利不赞成意大利的独裁统治，被迫来到西班牙。在法西斯弗朗哥政府执政西班牙时，她又来到了荷兰。1939—1945 年，为了再次躲避战乱，她在印度的金奈（Chennai）定居，并在那里创办了很多学校，还遇到了印度前总理尼赫鲁、著名诗人泰戈尔和“圣雄”甘地，并和他们成了朋友。这时，她开始对胎儿和婴儿期的教育产生兴趣。

第二次世界大战后，蒙台梭利回到意大利重拾培训事业，并应政府要求重新建立了学校。她还出版了一些专著。因为“和平教育”这一思想，她三次被诺贝尔和平奖提名。1949 年，蒙台梭利在法国被授予荣誉勋章，并访问了联合国教科文组织，受到热烈欢迎。

蒙台梭利于 1952 年 5 月 6 日在荷兰去世，享年 82 岁。她的儿子马里奥·蒙台梭利（Mario Montessori）继续从事蒙台梭利教育事业，直至 1985 年去世。之后，马里奥的一个女儿雷妮尔（Renilde）成为国际蒙台梭利协会总部秘书。

除了研究和推广蒙台梭利教育法，蒙台梭利还为妇女和工人待遇的提高做出了不小的努力，她还积极捍卫儿童权利，无疑是一位领先于时代的女性。

2007 年，全世界的蒙台梭利学校共同庆祝“儿童之家”创办 100 周年。今天，在全世界的 50 多个国家有超过 22 000 所蒙台梭利学校，这还不算带有蒙台梭利元素的学校。这种学校在印度不计其数，仅泰米尔纳德邦就有超过 45 000 所，在北美地区、日本和墨西哥也有很多，在俄罗斯、波兰、巴西和中国的发展势头更是迅猛。此外，现在全球共有 18 个国际蒙台梭利协会授权的蒙台梭利教师培训中心。在法国，有上百所蒙台梭利学校和以蒙台梭利理念为宗旨的机构。但是，这个数目比起在西班牙、意大利、英国、德国、荷兰以及斯堪的纳维亚半岛地区的蒙台梭利学校来还相差甚远。这些国家有非常多的蒙台梭利学校，其中还包括部分公立学校。蒙台梭利教育法也同样适用于那些不把孩子送去学校，由家长亲自教育的家庭。

回顾

玛丽亚·蒙台梭利是教育先锋，她将一生都奉献给了儿童教育。起初她的学校是为智障儿童创办的，后来，她开始关注正常儿童，认为正常儿童也需要得到帮助，使他们可以依自己的天性自由成长。不管怎样，蒙台梭利的学校从来就不像一些人标榜的那样，是贵族学校或天才学校。

Apprends-Moi à Faire Seul

第 2 章

儿童发展：

追寻自我的成长

APPRENDS-MOI À FAIRE SEUL

儿童有一种天生的能量——
促使他通过吸收性心智
适应当下的
时代与文化。

在蒙台梭利的眼中，生命既遵循科学规律，同时又充满浪漫诗意。她认为万物的出现皆非偶然，每个事物在宇宙中都有其用处和功能，并且都通向终极目的。不过，她在解释的时候使用了一些像“宇宙任务”“创造因子”之类过时的术语。蒙台梭利通过一些形象的比喻，解释了每个人都有需要扮演的角色，没有谁的使命高于别人。她说，使命感就是“应该与一切和谐相处以服务世界”。在这个世界上，每个事物都在无意识地为世界服务，每个事物也因此在这个世界上存在，这就是相互依存的道理。每个事物，无论有无生命，都为世界奉献着自己。比如说蜜蜂，在满足了自己温饱需求的前提下，可以帮助花儿授粉、繁殖，所以花儿需要蜜蜂，蜜蜂需要花儿，人类也需要蜜蜂。

幸福就是找到存在的原因，然后去完成存在的使命。

蒙台梭利认为：人类有改变环境的特殊任务，因为人类不局限于一块土地、一个时代、一种气候。人类能适应几乎所有环境，因为我们生来就具有适应能力。

每个婴儿都是人类的一个新希望，每个人都有可能创造出一种新的生活模式、行为方式和思想意识，因为人类天生拥有自由。

蒙台梭利认为：儿童有一种生命的爆发力，这种爆发力会容纳他，超越他。他的存在就是为了成长。他参与人类的大演进，而这个缓慢的演进过程，就是在漫漫童年中进行的。

蒙台梭利在《吸收性心智》(*L' Esprit absorbant*)[①]一书中写道：

> 儿童有一种天生的能量——促使他通过吸收性心智适应当下的时代与文化。这就是人类漫长童年存在的意义。

① 本书正文中提到的蒙台梭利的书都是按法文直接翻译过来的，括号中注明的是法文原书名。——编者注

| 吸收性心智就像一块海绵 |

自然、逐步地吸收周围环境中的一切，是蒙台梭利所说的儿童最基本的特点。她将其描述为“儿童就是海绵”，他们吸收环境中的一切，然后与之互动，得到成长。

孩子的生活经历给他提供了丰富的印象，在未来的认知过程中，他再将这些印象进行分类和重组。这些经历在孩子的生理，即身体的体验及心理，即大脑的工作之间持续地相互影响，成为孩子心智成长的基础。蒙台梭利把孩子的这一特点叫作“吸收性心智”，这是一种能使孩子吸收和内化生活体验从而得到成长的心智。这种吸收性心智从出生到 3 岁是无意识的，在 3 ～ 6 岁逐渐变成有意识地吸收。孩子在这种为他准备好的环境中建构自己的人格。

孩子通过吸收性心智内化各种认知体验，一方面建构属于他自己的人格，另一方面使自己成为适应当下文化和时代特征的“现代人”。换言之，吸收性心智让这些小人儿得以建立适应他成长环境的个人属性和社会属性。他“吸收”着风俗习惯、社交准则，也建立了自己对群体的归属感，这个归属感能给予他安全感和自信。

蒙台梭利在《科学教育法》（*Pédagogie scientifi que*）中写道：

在出生的最初几年，儿童就通过吸收性心智开始拥有种种个体特质，而且他们都是无意识的。有益的环境也有益于开展教育。这段时期是人最不知疲倦地学习的年龄，就像从食物中吸收赖以生存的营养一样，他们孜孜不倦地吸收知识。

| 找准孩子的 6 个基本敏感期 |

吸收性心智由一种本能反应指引，这种本能反应就是蒙台梭利所说的“敏感期”。敏感期是内在的倾向，特别的敏感点促使孩子将注意力自发地投向环境中的某一部分，而这部分环境内容此时此刻正是他成长发展中所需要的。孩子在环境中也有选择，对某些事物非常感兴趣，对其他事物则兴趣全无。他自发地选择能在他的发展过程中促进他大脑自我建构的内容。一旦选择了一项活动，孩子就会全身心地关注，自然、开心、毫不费力地学习。比如，当经历书写敏感期时，孩子会对所有的字母产生兴趣，为此他会放下其他活动。不用担心，只要孩子的求知欲得到满足，掌握了知识后，他就会投入到另一项活动中去。

敏感期会持续一段时间，不同的敏感期也会相互重合。有一些敏感期从妈妈怀孕时就开始了。

蒙台梭利将基本的敏感期分成 6 个部分：

- 秩序敏感期（0～6 岁）。
- 运动敏感期（0～5 岁或 6 岁）。
- 语言敏感期（0～7 岁）。
- 感官敏感期（0～6 岁）。
- 细节敏感期（1～6 岁或 7 岁）。
- 社交敏感期（从子宫内开始，在 6 岁达到高峰）。

敏感期是暂时的，只要属于一个敏感期的能力已经被掌握，这个敏感期就会关闭。

敏感期这个概念是蒙台梭利从荷兰生物学家雨果·德弗里斯（Hugo de Vries）那里借用来的。德弗里斯在 1902 年发现了“敏感期”。他发现毛毛虫在刚出生的时候会被光线吸引。它们出生后就开始从树根下朝树枝顶端移动，因为树枝顶端含有它们生长所需要的营养。几天之后，毛毛虫就不再被光线吸引，不需要那些食物了。它们会沿着树枝重新爬下来，因为之前所需要的光线现在已经妨碍它们了。这些连续的本能反应正符合毛毛虫敏感期的需要，帮助它们在环境中找到生长所需要的物质。只要它们不再需要这些物质，这种本能反应就会消失。另一个例子是：在沙漠出生的小乌龟，从出生的第一刻起，就感受到来自海洋的一种不可抗拒的召唤。它们需要沙漠的高温来破壳而出，然后需要水来维持生命。如果有什么阻碍了它们的这种本能，它们就无法生存下去。

敏感期是一种生命的号召，所以不可抗拒。蒙台梭利认为：儿童如果不能回应这种号召，就会感到身心痛苦。造成这种痛苦的原因大部分都是无意识的，却会引发暴躁、伤心、不愉快这些情绪反应。

蒙台梭利觉得孩子的这些痛苦有时候正是我们通常认为的“任性”。有时候，孩子的任性就是随意、放肆，是情绪的起伏不定，但也有很多时候是心理遭受巨大创伤的表现。所以，我们应该分清楚孩子的不同反应。想象一下，一个孩子对某一件事痴迷，这件事对我们来说却微不足道。如果我们打扰他，或者更糟糕的是，阻止他继续进行，我们就束缚了孩子对生命的激情和由心而发的工作热情，他就容易发怒。然而我们却不知道他所做的事对他来说有多么重要。孩子没有能力描述这种创伤，尤其是在他还不会说话的时候，他就只能跺脚。在我们看来，孩子的活动是一些毫无意义的小细节，但是对他来说意义重大。

蒙台梭利认为成年人需要注意，不要阻碍孩子满足生命本能的内在自我建构。如果孩子在成长过程中常常受到阻碍，未来他就难以自如地生活。当敏感期一过，如果孩子还没有获得这项技能，以后在这方面的学习就会很费力，有时甚至会出现学习障碍。

也有一些很极端的事例，如果环境中的某些方面长时间地不能满足孩子的成长需求，就可能会酿成悲剧。

APPRENDS-MOI À FAIRE SEUL
大 家 说

迪尔戈的故事[①]

我在巴西生活了一年多，曾在一家人道主义社团工作。我们夫妻俩和一个 10 岁的小男孩迪尔戈生活在一起。迪尔戈从出生起就患有小儿麻痹症。他在 4 个月的时候就被遗弃在医院里，然后被送到了孤儿院，几年下来，在孤儿当中他从来都是形单影只。10 年间，迪尔戈的活动范围几乎就是一张被栏杆围着的床，除了吃饭的时候离开。这里很贫穷，而且缺乏专业人士，无法给他提供合适的照顾和关注。

因为没有成长必需的感官开发，迪尔戈不会走路，不会说话，不会卫生清理。在某种程度上，即使在群体中生活，他也没

① “大家说”专栏中未标注作者的，都为本书作者夏洛特·普桑所写。——编者注

有任何与别人的互动，有一点像我们之前提过的伊塔尔医生捡来的野孩子维克多。由于太长时间没有感官开发，迪尔戈完全没有掌握他作为人类这种生物所应有的特质：说话、运动和社交。

我在10年后又回巴西看过迪尔戈，他生活得依旧很痛苦，完全没办法独立。他没有任何主动性，在婴儿期就经历了剧烈的心理创伤，和人类也没有产生联结，10年间就在围着栏杆的床上生活，如同在监狱里一样……

这是一个极端案例，孩子或多或少需要感官开发来进行自我建构，但是很多时候，因为我们成年人觉得孩子不需要，甚至以为自己是出于好意，而不去满足孩子。

孩子探索发现的需求得到满足后就会很开心，因为学习能使他们快乐。事实上，孩子天生渴望学习，学习起来不知疲倦。他们会被新鲜事物吸引，就像新大陆的探索者一样。他们天生想去发现生活，尝试、尝试、再尝试……这样就会让他们热情高涨。孩子精力充沛，在学习中感到很快乐。当然，如果总以相同的方式强行给孩子安排一项学习内容，那么他们可能会失去动力，因为这不是他们发自内心的选择。

在敏感期学习，自然会很轻松，过了敏感期再学同样的东西，就很困难了。这就像睡意已过，就很难再睡着一样。所以，只要在语言敏感期将孩子放在合适的环境中，他就能轻松地掌握一门外语。然而到了成年人这里，过程就完全不一样，学习一门外语似乎太难了！区别在于，前者是一种自然而然的学习，而后者是一项需要理性的工作。在阅读和书写方面也是一样，一些孩子在上小学之前就能学会。不要让孩子错过敏感期的列车，不然，以后学习起来就很难再那么轻松自然了。

学习的热情是一块宝石，我们要重视它，守护它；当它还没有出现的时候则要有耐心。对孩子所有的学习都一样，如教孩子走路、上厕所等，不仅要有耐心，还要及时。

对此，玛丽亚·蒙台梭利写道：

> 智力只有通过内心的追求才能被激发。只有感到快乐才能有欲望。只有在快乐学习中，智力才能得到开发，并开花结果。学习的快乐对于求学过程是必不可少的，就像呼吸对跑步者来说十分重要一样。

孩子用我们为他提供的内容进行自我建构，这个过程中自然也屏蔽了我们没有为他提供的内容。这也表明，给孩子提供一个满足他需求的环境有多么重要。

这个环境应该在对的时间提供对的内容。在敏感期，即使是有益的开发也要适量，不宜太多也不宜太少。如果过度开发，则会淹没孩子的求知欲，正如一块海绵吸收不了整个浴缸里的水。

蒙台梭利认为，所有孩子都有出类拔萃的潜力，并且只能在合适的时间，以合适的数量，同时辅以高质量的开发，才能将其发挥到最佳状态。这就是认识儿童敏感期的重要性，只有认识了，才能在孩子经历敏感期的时候识别出来，并最大限度地开发孩子的潜能。

APPRENDS-MOI À FAIRE SEUL

关键词

几个重点词汇

认知：认识事物并且在感官上留下印记。

印记：痕迹，烙印。

吸收性心智：儿童能够自然地吸收周围环境中的内容。

敏感期：儿童在某段时间内，对环境中某一项内容特别感兴趣，这种兴趣的产生是他成长过程中必经的一步。

秩序敏感期

秩序敏感期常常被质疑。“我的孩子对秩序敏感吗？当然不了，他把什么都弄得乱七八糟的！”可能事实是这样，但他会经历或已经历过 0 ～ 6 岁这段需要秩序的时期。这是一种基本的需求，这种秩序可以让孩子获得安全感。通过外在的秩序，让孩子建立内在秩序，从而利用积累的经验，在认知上取得重大突破，这个敏感期决定着孩子整体的心理建设。

对秩序敏感并不是孩子的怪癖。这种需求要求我们在对待孩子时，态度要保持一致，在时间上、空间上，以及吃饭、睡觉、洗漱、怀抱的方式上都要保持程序化和固定化。这并不是说所有的一切都要那么严格，生活本身有其不确定性和突发性，但是我们可以用大致上统一、有规律的方式来照顾孩子。

让孩子始终在一个很熟悉的环境里，他才能逐渐将自己和妈妈区分开来。在刚出生的那阵子他是区分不开的，因为当他还在子宫内的时候，胎儿和妈妈密不可分。大约在出生后 8 个月，孩子会发现物体是永恒存在的。他明白了即使看不到，那些事物也还继续存在，而且他将其与自己区分开来，这是成长中很重要的一步。我们玩的游戏，比如用手挡住脸然后再打开，孩子会感觉奇妙无比，这个游戏能帮助孩子加深理解“对方永远存在”这个道理。孩子发现消失了的人或物又出现了，这说明当他看不到的时候，那个人也是存在的。

孩子拥有各种各样的体验。这些规律性的认知会帮助他对信息进行分类和组织，识别出曾经有过的体验，使他全面融入现实生活：这是同样的地方、同样的车、同样的声音、同样的香水和同样的关注。稳定的环境可以促使孩子心理宁静祥和、健康发展。在往后的生活中，环境中是否有秩序，将决定他是否能识别出曾经有过的体验，也决定他是否拥有安全感，更决定了他未来是否对自己、对生活有信心。

运动敏感期

蒙台梭利说：“儿童在运动中建构自我。”

孩子总是动来动去，有时候一眨眼的工夫就不见了，成年人当然感觉他们很麻烦，但运动在孩子的成长中必不可少！生命在于运动，孩子应该能自由活动。

人类孩子的特殊之处在于，出生的时候运动机能并不成熟。但是一些动物出生后在运动方面很快就成熟了。人类是唯一直立行走的生物，这让我们的成长更加复杂，需要循序渐进。但是直立行走带来的好处是有助于解放双手并用大脑思维。大脑细胞的髓磷脂[①]在婴儿出生后的前两年非常活跃。就是在这段时期，宝宝反复练习身体由上往下的一系列运动，从抬头到坐起到站起，并学会了走路和跑步。一旦会走，这个小人儿就像哥伦布一样要起航探索新大陆了！从那时起，就不再是精神、心理支持运动，而是运动辅助大脑建构，通过大量的体验，来完成孩子的成长。

合适的刺激，对于运动的协调发展和蒙台梭利所说的“智力运动”是很有必要的，也就是说，运动是有目的的。之前提到的迪尔戈的故事，向我们展示了在一定条件下，能进行运动是多么重要。迪尔戈从 4 个月到 10 岁从来没有离开过围着栏杆的床，所以也从来没有学会走路。10 年来没有得到锻炼，他甚至连站都站不起来，肌肉没有得到开发，不工作的关节连成了一块……运动发展和精神生活，两者一直是相互影响的。

所以，我们应尊重孩子的需要，提供一个有利于孩子运动的环境，也可考虑怎样利用公园让孩子多运动，而不要只是守着孩子，试图让他远离危险。

---

① 髓磷脂：神经系统发展过程中，在特定的神经纤维周围形成的，由脂类和蛋白组成的隔离的鞘状结构。——译者注

语言敏感期

“一切皆语言”，这是法国著名儿童教育家弗朗索瓦兹·多尔多（Françoise Dolto）写的一本书的书名。语言敏感期是最基础的敏感期，这个敏感期从出生前就开始了。早在妈妈肚子里的时候，胎儿就认识了他周围的各种声音，发现了各种声调、韵律及其中的细微差异。

语言敏感期分三个阶段：

- 第一个阶段是从出生到第一次说话。
- 第二个阶段是从掌握口语到开始读和写。
- 第三个阶段是开始对语法敏感，即对词的属性和功能以及句子结构的敏感。

这三个阶段是逐步开发的。孩子一点点地吸收所听到的语言，突然有一天就开口说话了！然后，他的语言表达越来越精准。最初的几年都是在为读和写做准备，突然有一天，他就写出了第一个字，然后写出另一个字……这个过程不断持续。在语法方面也是这样。语言敏感期的这三个阶段，每一个都需要漫长的准备过程，大多数孩子都是不知不觉，瞬间开窍的。

当然，这一切都需要成年人帮助开发。小动物在出生后就能交流，小孩子却要先学习语言。如果这个功能没有得到开发，他就会像“野孩子”一样，永远学不会说话。18 世纪，普鲁士国王腓特烈二世曾见证过一段悲惨的经历。这个国王想从 9 种语言，即拉丁语、希腊语、西西里语、阿拉伯语、诺曼底语、德语、希伯来语、依地语和斯拉夫语中，找出哪一种是人类最天然的语言。他让一些保姆照顾 6 个婴儿，但从来不跟这些婴儿说话，他认为这样就能让这些婴儿自发地说出最原始的语言。腓特烈二世想象，那应该是拉丁语或希腊语。但是，将这些婴儿放在一个寂静无声的环境中，结果只是导致了这些婴儿早期语言发展的停滞。语言是生活的条件，也构成了一个人的精神生活。孩子在与别人的互动中建构自己的语言。他轻而易举地吸收着身边的语言，不管这种语言是简单还是复杂，身边有几种，他就吸收几种。

在开始的时候语言不用教，自己就能发展，但是有一个缓慢的过程。其中一个步骤就是用手去指，这是人类特有的一个动作。当孩子用手指着一样东西时，他在这个东西和他想交流的那个人之间来回看，这时他在期待一个回应、一个动作或一句话语。手指也可以用来交流。对方若是给这个东西命名，孩子就很满意。当这个东西不见了，他就要说出它的名字来指认它。孩子在不会说话前，认为世界就是他看到的模样，后来他明白了有些东西即使看不见，也仍然存在。

从孩子意识到物体永恒存在的时候起，家长就可以发展孩子的语言能力，给不在孩子眼前的物品命名。

所有的语言都是一种代表不在眼前的事物的符号。孩子和事物之间的距离，可以让他学会自己去表达和命名这个事物。词汇是人类大脑活动的基础，思想通过语言得到发展。

孩子如果没有机会在父母身边成长，将会是非常不幸的事情。但有个特例，在罗马尼亚的一家孤儿院，教师们意识到，持久而稳定的关系对于儿童的健康成长是多么的重要。为了避免父母缺失所造成的影响，这个孤儿院让每个孩子都有一个固定的亲近保姆。孩子总是与同一个人保持着亲密关系，总是看到同样的脸庞，受到同样的照顾，在这种安全的环境中成长对于他们很重要，因为他们正在秩序敏感期中建构自我。他们需要每次识别出一样的模式。这些保姆在悉心照顾孩子的时候，都要将所做的事滔滔不绝地讲给孩子听。

要尽可能多地为孩子开发语言，与他产生联结，给他讲发生了什么。读书，讲故事，唱歌，用准确的语言聊天，细致地描绘事情，鼓励孩子叙述事情……这些都是开发语言的机会。

感官敏感期

孩子在不断地积累着各种体验，这些感官经验就像是他深入理解这个世界的钥匙。但这些经验要足够多，足够丰富。大约到 6 岁的时候，即使这一切还没有停止，孩子的感官体验也已经很精细了。他对这些认知进行分类、选择、命名和排列，感官体验也就变得更加精细。通过对这些感官体验的命名，孩子可以抽象化地理解它们，从而更好地掌握它们。精细感官的发展与智力的发展密切相关，所以开发感官极其重要。环境刺激越多，感官发展就越好。多样的游戏活动可以让孩子将这些认知进行分类，像联系游戏、对比游戏等。蒙台梭利构想了一套丰富的教具，来促进孩子精细感官的发展，将不同的属性分离开来进行认知。这就是我们在蒙台梭利教室中看到的感官教具。

细节敏感期

我们总担心孩子吃掉一些小玩意，却没有发现这些小玩意对孩子有多么强烈而独特的吸引力。对微小事物的钟爱和感官的细致敏锐有关。所以，最好给孩子多一些这样的小玩意，当然，一定要注意安全。

社交敏感期

人是社会的一分子。仅仅依靠个体的生物属性并不能生存，他还需要庞大的社会关系。为了生存下去，也为了更好地成长，孩子需要有人在身边，需要与他人发生持久互动，极度依赖他人。

在孩子出生后的第一年，他开始把自己和妈妈区分开来，然后逐渐意识到自己是一个单独的个体。大约从 6 岁开始，在充分意识到自己的独立性后，孩子开始意识到别人的存在，然后学着给予。他将注意力投向别人，随时准备为他人效劳。他很喜欢承担责任，需要别人的信任，而这种信任正是他自信的来源。

孩子对别人的需求很敏感，懂得尊重别人的意愿。这是一个逐渐脱离以自我为中心的过程，但需要一段时间。对于已经脱离以自我为中心的成年人来说，这个时间似乎有点儿漫长。还是需要耐心一点儿，快到 7 岁的时候，孩子就进入逻辑思维的年龄，瞬间就开始融入社会了！

这些敏感期会帮助孩子建构自我，蒙台梭利说它们是“激发内在创意的能量”。在敏感期不被阻碍的情况下，孩子会非常自然地开始学习。

家长和教育者要非常注意敏感期的到来，适时地识别出不同的敏感期，然后充分利用，帮助孩子轻松地学习，健康地成长。要在每一阶段给予孩子相应的开发，帮助他启动各个器官的功能。如果有些功能没有得到开发，那么紧随而来的就是各种心理障碍，比如嗜睡、做噩梦等。

| 识别孩子珍贵的专注时刻 |

孩子在专注中成长，而不是在成长后才能专注。我们常说孩子太小了，没法集中注意力。但是在观察一个新生儿的时候，我们很快就会发现，他常常表现出高度集中注意力的状态。事实上，专注力是由选择的活动所决定的。

尽量不要打断一个正在很努力地投入的孩子，当他正在对一项活动着迷时，就是他建构自己大脑的时刻，也是他形成自己逻辑思维的过程。通过实验和体验，孩子梳理着自己的认知结构。

睡眠也是进行认知分类的重要时间。这也是尽可能不要唤醒一个正在熟睡的孩子的原因。

这里所有的讨论，出发点都是孩子的兴趣。当孩子被某一项活动吸引的时候，他就会全身心地关注它，重复这项活动多次，非常专注。这个专注是他内在心理活动的外在表现，孩子在活动中进行心理的自我建构。

在《家庭中的儿童》（*L' Enfant dans La famille*）中，蒙台梭利写道：

> 教育的关键就在这里，识别出珍贵的专注时刻，然后应用到学习当中……对此，唯一的教学方法就是激发孩子深层的兴趣和持久活跃的注意力，其目的都是利用孩子内在的力量来实现教育。这可能吗？不仅可能，而且是必需的。为了实现专注，就需要引起孩子的注意，不断激发他专注于某项活动的兴趣。刚开始，父母都是能轻易感觉到这些的。

蒙台梭利还说："儿童最先发现的道路应该是专注之路。"

| 孩子在每个发展阶段有不同的需求 |

孩子的发展不是直线形的，而是跳跃式的。蒙台梭利将其分为四个发展时期：

- 婴幼儿期（0 ～ 6 岁）。
- 童年期（6 ～ 12 岁）。
- 青少年期（12 ～ 18 岁）。
- 成熟期（18 ～ 24 岁）。

在每个时期临近结尾的时候，都会看到一个不一样的孩子，他有着不一样的需求。蒙台梭利主张，教育系统应适应孩子的每个发展阶段。

婴幼儿期

在母亲腹中度过 9 个月的胎儿与母亲紧密相依，然后突然地，孩子出生了。他的生活环境发生了巨大的改变，从一个世界到了另一个世界，从一个水生环境来到了一个大气环境中。所有的认知都改变了，包括对光、声音的感知和肢体接触的感觉，一切都更直接、更强烈。在子宫里的时候，一切都是分散的，就像被过滤过一样。孩子应该离开那种被动的状态，为了生存，从现在起主动地去吃、去呼吸。这将不再是妈妈身体的任务，他也不能再依赖妈妈的身体了。

然而，“从母亲身体里出来后，孩子并没有完全与母亲脱离”，蒙台梭利在《吸收性心智》中这样写道。孩子还需要几年时间，才能自我建构成为单独的个体。他的自我认同一点一点地建立，直到将近3岁的时候，他开始说“我”；然后，在3～6岁时，他继续巩固自我的概念。这个个体，就这样完成了自我建构。

婴儿出生时还不是成人，而是一个逐渐成为成人的个体。他特别脆弱，依赖性很强，但他已经是一个完整意义上的人了，他有一个任务就是自我建构！他是自己成长过程中的主角。他不间断地学习，与周围的人和环境相互影响。他通过敏感期的经验，使智力得到开发。也是这个时候，孩子开始组织自己的运动、语言、感觉和认知。他作为一个个体不断成长，同时还是社会中的一员，吸收着时代和环境中所有的特点。吸收性心智和敏感，是婴幼儿时期的特点。

蒙台梭利认为，孩子有三个胚胎期：

- 出生前的身体胚胎。
- 0～3岁的心理或者精神胚胎。
- 3～6岁的社会胚胎。

蒙台梭利觉得，0 ～ 3 岁对于儿童的良好发展最重要；对于成年人，这段时期也是最微妙的。其实，孩子和成年人的交流方式有很大不同。孩子有很多表达的需求，而且是用自己的方式表达，但成年人有时候很难理解孩子；成年人用口语和孩子交流，但并不知道孩子是否明白了他说的话。

0 ～ 3 岁的孩子和成年人在生物属性的节奏上也有很大不同。成年人竭尽全力地让孩子适应他们的时间管理节奏，而这样做只是为了自己能够睡个好觉。这个时期对成年人的要求很高，不过成年人对孩子越关注，就越能理解孩子的语言，从而满足他的需求，和孩子的关系也就越好。成年人越是以孩子为中心，孩子越在意和成年人的联结，也就越能自如地发展。这样能让小不点儿按照他自己的节奏成长，他的大脑容积也会成倍地扩大。蒙台梭利称这段时期是“精神胚胎期”，因为小孩子的内在精神在逐渐强大坚固。

出生就是一次分离。积极且有安全感的经验，增加了孩子顺利克服这个心理创伤的概率。悉心的照顾和亲密关系的建立能否持续下去，决定了孩子对自己和对未来生活是否有信心。在婴幼儿时期建立的信心，是未来一生心理健康的根基。

童年期

童年期相对安静，不论是在身体上还是在精神上。孩子巩固了之前学习的内容，逐渐脱离了自我中心，把视线投向更广阔的世界。在6岁的时候，孩子便成为一个“社会新生儿”。他对身边的人越来越开放，好奇心也越来越强。他提出问题，努力解答，观察这个世界，却发现世界总是比想象的更大、更广阔。他从开发自己周围的小环境，转向去开发宇宙了。

童年期也是抽象思维发展的时期。具体实践经验的增加，让孩子通过更加抽象的方式，加深了对现实世界的理解。

童年期也是道德观建立的时期。孩子吸收了成长环境中的文化和价值观，试图分辨好与坏。这段时期也适宜开发孩子的想象力，因为他已经很好地融入了现实世界。

青少年期

青少年期是身体上变化较大的时期。孩子在这一时期逐渐长到成年人的个子，心理状态也是如此。青少年已经不再是孩子，但也还没有完全成熟，他还在进行自我定位。在吸收了生活环境中的价值观后，青少年开始重新考量和质疑各种价值观。他可能将曾经深信不疑的东西暂时或永久地抛弃。这常常是一段冲突集中、动荡不安的时期，孩子会提出各种各样的要求，因为离开童年期的安逸舒适还是有困难的，同时他又特别渴望自立。

在这段时期，青少年试图找到所有事情的界限，就像 0 ～ 3 岁的小孩一样，他试图理解生活的意义，来为自己定位。青少年非常喜欢将自己归属在某一个集体当中。蒙台梭利认为，应该让这个时期的孩子感到非常独立，生活得非常有意义，还要多让他感受大自然。最好身边还有很好的榜样，帮助他进行人生定位。

这段时期有些折腾是正常的。为了长大成人，青少年应该摆脱父母的束缚，成为自己。

APPRENDS-MOI À FAIRE SEUL

大 家 说

我成了一名画家

爱丽丝，蒙台梭利学校的学生

从幼儿园到小学，我都在蒙台梭利学校就读。今天回过头去看，蒙台梭利学校对我的心理健康和看事情的角度影响很大。

我总结了一下，就是我将每个人都当作一个有特质的单独个体。每个人的特质不一定是我们期待的那样，更不一定是社会要求的那样。我们是什么样的人，就选择什么样的生活。还有，如果不能理解知识，就什么也学不到。

我觉得我能够自由自在地在广阔的艺术殿堂中遨游，如果我去了传统学校，这一切就不一定会发生。

最后，也是最重要的，就是我认为蒙台梭利的教育理念帮我树立了自尊心和自信心。

成熟期

成熟期是分离的阶段。这一时期的个体已经不再是探索中的青少年了，童年期的东西在他身上已经找不到任何踪迹。他正在走向真正的独立。年轻人意识到他的个性和这个社会的存在。他很自觉地去承担责任，同时也有承担的能力。这是蒙台梭利在 20 世纪的观察结果，现在的人进入成年阶段的时间无疑有点儿推迟，但还是因人而异的。

认识成长的阶段，能够让我们更好地满足正在发展中的孩子的需求。我们应该陪伴孩子逐渐认识自我，建立自己的个性。

回顾

蒙台梭利认为，拥有吸收性心智是儿童的基本特点，儿童能够吸收周围环境中的一切。这种特质让孩子吸收并内化所有的体验，达成自我建构。从 3 岁起，孩子逐渐有了意识，在周围环境的影响下形成自己的个性。

敏感期是通过内在的动力，使孩子对环境中的某一部分内容产生兴趣，这部分内容有助于他当下的成长。在某个敏感期，孩子会对特定的事物着迷，并将持续一段时间，但最终会消失。

敏感期主要包括：

- 秩序敏感期。
- 运动敏感期。
- 语言敏感期。
- 感官敏感期。
- 细节敏感期。
- 社交敏感期。

发展的阶段主要包括：

- 婴幼儿期（0～6岁）。
- 童年期（6～12岁）。
- 青少年期（12～18岁）。
- 成熟期（18～24岁）。

Apprends-Moi à Faire Seul

第 3 章

蒙台梭利教育原则：以孩子为本

APPRENDS-MOI À FAIRE SEUL

自由是教育的
最终目的。

孩子想告诉我们的是：“让我自己来”会让我更加相信自己，“让我成为我自己”会让我更加尊重自己。相信孩子，是蒙台梭利教育思想的精华所在。“任何多余的帮助都是成长的阻碍”，蒙台梭利总是这么说。

| 准备一个自由的环境 |

在蒙台梭利的教育思想中，自由是最基础的概念，也是教育的最终目的。蒙台梭利教育理念认为，孩子有与生俱来的任务，有自己成长的规律。孩子只有在能够自由选择满足他本能的活动中才能得到成长，而这种自由选择，也只有在为他准备的环境中才能实现。这也就是要很仔细地为孩子准备环境的原因。

蒙台梭利曾写道：

> 不是将孩子弃之不管，随便他想干什么就干什么，而是要给他准备一个可以让他自由发展的环境。

这种自由，也不是没有任何限制的自由。自由会在每个孩子身上逐渐建构。内在的自由要在一种灵活的、适应个人的，而且始终如一的环境中才能得到发展。给孩子没有边界的自由，比没有自由更可怕。想做什么就做什么并不是自由，如果想做什么就做什么，孩子最终就会被隔离、被监禁。自由的孩子，是那种可以在一个属于他的有规则的环境中自由自在发展的孩子。这样，才可以帮助孩子变得自立、有责任感。不要让他随心所欲，想做什么就做什么，尊重规则是基本的要求，我们应该清楚地告诉孩子这些规则。每个人的自由，都会被别人的自由所限制。

不是说只要给孩子自由就足够了。孩子只有在成人的关怀下，在为他用心准备的环境中，才能得到发展。教育的目的是让孩子独立，然而，为了独立，就先要有依赖。在孩子依赖成年人期间，需要在成年人和孩子之间建立一种完全相互信赖的关系，这是孩子安全感的基础。从那时起，孩子知道他总能依赖这个人。他知道他能够相信别人，相信生活，就是这种信赖感，给予他独立的力量。独立是介于孤立和依赖之间的状态，父母和教育者应该帮孩子找到两者之间的平衡。

根据蒙台梭利的教育理论，孩子要通过自由选择而学习。为此，蒙台梭利在她的教育法中推广了“自由选择”这个概念。自由选择激发了孩子的动力，这对于通往内在的自由和自律是非常有益的。

这种在规则范围内的自由，相对于某些传统学校所能给的自由来说，已经非常多了。蒙台梭利教室就是一个能够自由行动、自由交流的地方，当然，这种自由必须得在一定的规则内，在尊重这个工作环境的前提下存在。

自由选择教具

蒙台梭利教室里有促进孩子发展的教具，孩子可以很方便地在架子上取用自己想使用的教具，处于不同敏感期的孩子可以自由地选择。孩子在同一时间的需求并不一样，拿到教具后，他们可以随意练习很长时间。我们看到一些孩子为选择教具而寻寻觅觅、犹犹豫豫；另一些孩子则确切地知道自己想做什么，他们早上一来到学校，就径直走向之前就想好的教具。这跟时间有关，跟孩子的个性有关，或者跟他们的发展阶段有关。

教具想用多久就用多久，但是必须在用完之后放回原来的地方。如果这个教具不在原本该在的地方，就不要使用，即使这个教具放在桌子上没人用，那有可能是使用这个教具的孩子中途离开了一段时间。

自由选择只受一个条件的限制，那就是只有在和教师一起操作过这个教具后，孩子才有权利使用。因为除了个别教具之外，对大多数教具来说，使用前的讲解很有必要，孩子要先学会怎样正确地使用它。一旦教师讲解过一个教具的用法，孩子就可以用自己的方式来探索它，但前提是不能搞破坏。

自由交流

孩子在蒙台梭利教室里可以自由说话，但是声调要很低，不能打扰别人。尤其不能打扰正在专心工作的同伴，更不能打扰正在给别的孩子讲解教具的教师。我们要让孩子养成一个习惯：将一只手轻轻地放在教师的肩上，就表明他想和教师说话。只要孩子还有需要，教师就要在忙完之后尽可能地去询问这个孩子。孩子可以轻松习得这些有教养的、尊重别人的行为习惯。

自由行动

在蒙台梭利教育环境中，孩子可以随意走动，但是要控制动作，保持安静。他要先学习怎样尽可能小声地搬动一把椅子，甚至抬起一张桌子；他不能在工作毯上走动；他还要学会轻轻地关门，小心地放置东西，有时候甚至需要踮起脚尖来走路，不发出一点儿声响！正是因为有这些行动的自由，孩子才能得到成长。孩子能够控制动作，由此就能够学会自我控制、自律和专注。孩子通过行为来实现自我建构，蒙台梭利称其为“智力行为”。

即使孩子有很大的自由空间，蒙台梭利教室也安静得能听到虫子飞的声音。因为这个纪律来自孩子的内心。我们常常看到传统课堂由教师维持纪律，教师在时，教室里很安静；但教师一走，教室里就跟炸了锅似的，但蒙台梭利教室不是这样的。

| 自律脱胎于自由 |

在蒙台梭利教育法中，自律是基本原则，与自由相辅相成。而且，只有内在的自律，才是真正的自律。

其他人的纠错会让孩子变得懒惰并产生依赖，所以最好不要让孩子习惯于被别人纠错，这会让他很被动。在传统学校中，我们常常看到孩子们等着教师纠错，甚至排成一长队。这很浪费他们的时间，也打断了孩子的工作节奏。而拥有自我检查的能力，会让孩子更自主，更活跃。

同样，作业本上擦不掉的红色评语，也会伤害孩子的自尊心和自信心，尤其是经常这样做的话。这个无关对与错的问题，仅仅是一个练习，一份自我完善的作业而已。当然，我们依然可以用横线画出错误的地方，但是口头说出来或者用铅笔画出来会更好，孩子可以自己选择擦掉还是不擦掉。红色的叉没有必要。为什么要将不完美凸显出来呢？这个不完美，应该是通往成功的一部分。练习就是一本小册子、一次训练而已，并不是教育的终极目的。纠错的方式越好，就越能激发个人的工作激情和加倍努力的动力。人类需要在感觉到安全的前提下才能学习。如果他感到被羞辱或被打击，那种感受就会阻碍他，毁灭他的自信和自尊。

这就是为什么应该让孩子在学习的过程中学会自我纠错。如果我们让孩子自己注意到自己的错误，自我纠错就会变得更有效，孩子就能在自立、自信中成长起来。这就是蒙台梭利教具给孩子提供自我纠错功能的原因。这样一来，别人的纠错就显得多余了。另外，当教师给孩子讲解一个蒙台梭利教具的操作方法时，并不要求他立即学会。重要的是孩子自己动手操作，自己练习。蒙台梭利教育者既不要求结果，也不要求完美；相反，他们在乎的是孩子的不断尝试，这样才能按照孩子的节奏通往成功。一旦成功，最好让孩子为自己庆祝，为自己高兴，而不是给他一箩筐的溢美之词。当然，赞美也可以起到鼓励的作用，但不宜说得太多，否则会造成一种依赖。这种依赖会让孩子为了外界的赞扬而努力，当某一天这些赞扬消失的时候，他就会感到痛苦不堪，因为没有赞扬，就好像被责备了一样。最好是说“你应该为自己高兴，应该对自己很满意”，而不是所谓的“太好了，你实在太棒了”。

|言传不如身教|

蒙台梭利教育理念提倡身教而不是言传。长期的命令、训诫会引起孩子的反感，甚至会阻碍孩子的发展。用 1 秒钟想象一下，你能否像孩子一样听那么长时间的训诫？孩子能比我们更有忍耐力吗？训诫会给孩子造成更严重的自卑心理。比起言传，身教的影响力更大，也更积极。

如果希望孩子说话声音小一点儿，我们可以压低声音和他们说话，而不是给他们下达“小声点儿说话”的命令。孩子的声调会随着越来越安静的环境而降低。不要忘记孩子的吸收性心智。再举一个例子，如果希望孩子在进门的时候脱鞋，最好的方法是在门口设置一个可以让孩子自己收拾的小空间，放一个小鞋架，而不是让他们在和成人一起放东西的柜子里找来找去。

环境常常指的是我们自身。我们可以努力改变自身来影响孩子，这种影响更有效，也更能让孩子懂得尊重。很多信息通过建议、提议来传达，会比直接下命令效果更好。当孩子有了被尊重的感觉，他就不会故意违背命令了。用这种方式培养出来的孩子更加懂得尊重自己。当我们以孩子为中心时，孩子就能专注于自己了。

如果班级里的纪律很差，可能是因为孩子们对学习失去了兴趣。解决的方法是，让孩子们重新开始自主探索，通过改变周围的环境，来重新唤起他们的兴趣。孩子只有在专注的状态下，才能回归平静。

| 尊重每个孩子的“节奏” |

每个人都有自己的节奏，孩子的反应是快还是慢不重要，关键是能不能集中注意力。不要随便评价孩子，给孩子贴上“快”或者“慢”

的标签。如果总是说他反应慢，他以后说不定真的就反应慢了。这个节奏是通过一天、一年、一生来测评的，而且跟选择的活动内容有关。可惜的是，我们的社会常常鼓励快节奏，其实“快”并不是个人的终极目标。有时候，孩子一定程度上的“慢”是好事，开窍其实只在那一瞬间。有的孩子看起来反应慢，是因为他在为了完善而不停地重复同一个动作，而重复会增强他的自信心。还有一些孩子是真的反应慢，但反应慢一些的孩子可能感受更深刻，这个不能被当作缺点。

尊重每个人的节奏，也能让反应快的孩子不感觉无聊，能够不断进步，不需要去等节奏比较慢的孩子。

从经验中学习

我们无法教给孩子抽象思维，孩子需要通过操作教具自己获得抽象思维。只有真正理解、吸收了概念，才能促进孩子智力的开发。孩子应该在进入抽象思维阶段前，通过可触摸的，感官、具象的方式深入接触知识。要长时间地操作教具，直至孩子能够进行抽象理解。孩子在运动中积累经验。“操作”意味着用手，就是说要用到触觉，而在这个过程中，其他的感官也在不断地被使用。

经验是可感受的，是具体的。比如，蒙台梭利让孩子通过拨动珠子的形式，感受一、十、百、千，孩子先触摸，再理解，然后再教他们这些数字。通过掂量和比较来感受这些数量之间的关系，能帮助孩子更好地理解。

逻辑思维分成假设和推断。根据蒙台梭利的理论，所有的体验都会带来心理上的影响，这些都与智力开发有关。具体分为三个部分：

- **无意识经验阶段，**儿童需要为未来积累无意识的经验。
- **知识形成阶段，**通过重复练习在不知不觉中吸收知识。
- **意识认知阶段，**灵光一现，进入意识认知阶段，这个无法预见的时刻属于孩子，只有孩子自己才能意识到这个“奇迹”。

蒙台梭利在《科学教育法》中写道：

> 感官是外部世界图像内化的器官，对智力开发必不可少，就像手是感触实物的器官一样，它对身体也必不可少。

尊重个体发展和从经验中学习，要通过个体在工作中实现。单独操作教具，孩子就能够探索发现，通过自己的方式理解每个小知识，在学习中变得更加主动。只有在工作中探索，才能帮助孩子通过具象方式理解知识，从而实现这一目的，而抄笔记的方式就行不通。

然而，一些活动是通过小组方式进行的，因为这些活动适合多人一起参加。学习加减乘除，就可以用这样的方式，帮助孩子体验运算的具象操作。比方说加法练习，每个人用盘子托着一部分珠子，然后将所有人的珠子放在一起。这样孩子就明白了，加法，就是将所有的东西放一起。

蒙台梭利在《教育的步骤》（*Les Étapes del' éducation*）中写道：

> 每个孩子的个体性都要与现实相接，这样才能激发理性和本能与通往发现之路的现实相连接，这一切要超越对知识的掌握。儿童开心地思考，追随自己的内心，在一个自由的环境中专心而充满激情地工作。他不怕被打断，不怕被批评，因为他知道这种工作和专注会得到尊重。这样，他也实现了个人内在的成长。

| 激发潜能，为未来做准备 |

蒙台梭利认为儿童天性优良，只要我们尊重这些天性，他就会继续保持优良的天性。在尊重孩子的同时，我们也要让孩子尊重别人。这种相互的尊重是一个社会健康发展的基础，也有助于建立一个人人都能够体谅别人、为自己的行为负责、和谐生活的社会环境。教育，就是为和谐社会做准备。

教育也要帮助儿童自律。蒙台梭利在《蒙台梭利教师的纪律》(*La maîtresse montessorienne et la discipline*）中写道：

> 我们应该都有对自律的理解，自律只有在一定条件下才能产生，而不是天生就有的。我们的任务就是引导儿童走向自律之路。当儿童的注意力集中在吸引他的教具上时，自律就应运而生，这个教具不仅能供他开展有益的练习，而且还带有自我检查功能。通过这些练习，儿童内在的惊人的协调感就体现出来了，他变得安静、幸福、忙碌、忘我，对物质奖赏毫不关心。

这样，孩子就成为“他自我世界的小小征服者”了。

APPRENDS-MOI À FAIRE SEUL

大 家 说

在蒙台梭利学校 3 ~ 6 岁班级的见证

学生简的妈妈

我认为所有的学校都应该像蒙台梭利学校这样，将孩子视为教学的中心。蒙台梭利学校的孩子有很好的适应能力。我的大女儿很早就能做到生活自理，4 岁的时候她早上自己起床、穿衣服，5 岁的时候自己洗澡。在家里，她自发地做很多家务，如摆餐具、为旅行准备行李、收拾房间等，会主动参与到家庭生活中来。可是我们并没有教过她这么做，这太不可思议了！是蒙台梭利教育法给予她自信，让她自立。蒙台梭利学校的孩子们看待问题的深度和观察能力总是令我惊讶。他们不在乎拥有多少，而只是关注过程，他们能够倾听自己内心的声音。教室里总是很安静，孩子们都很自觉，这真是一个奇迹！

回顾

- “让我自己来”“让我成为我自己”。
- 自由选择有益于意志力的锻炼，自律得益于内心的真正自由。

- 尊重孩子交流和行动的自由。
- 身教而不要言传。
- 对一项活动有兴趣才能注意到那项活动，才能专注，而专注有益于人格的健全。
- 尊重个体发展。
- 从经验中学习。
- 将教育看作生命的助力。

Apprends-Moi à Faire Seul

第 4 章

蒙台梭利学校：让孩子的心灵自由绽放

APPRENDS-MOI À FAIRE SEUL

教师应该少说多观察，
保持谦虚和蔼，
收起那种不许孩子
犯错误的傲慢。

蒙台梭利更愿意称蒙台梭利学校为“儿童之家”，因为这个地方适应每个孩子的成长节奏，帮助每个孩子去适应未来的生活。这里汇集了能够激发孩子潜能、促进孩子协调发展的各种条件，还能帮助孩子在群体当中保持自我。

蒙台梭利教室一般叫作蒙台梭利教育环境，如图 4-1 所示。蒙台梭利学校按照孩子三年一个发展阶段进行划分：

- 小于 3 岁，0 ～ 18 个月的称为婴儿之家，18 个月到 3 岁的称为儿童社团。
- 3 ～ 6 岁的称为儿童之家。
- 6 ～ 9 岁的称为小学。
- 9 ～ 12 岁的也称为小学。

图 4-1　蒙台梭利教室

每个孩子有大约三年时间都在同一个环境中，理想的话，每年开学，全校会有 1/3 的新生。但是孩子不一定要一直待在同一个环境中，也可以偶尔去别的环境中转转。孩子可以在保持学习节奏一致的情况下换一个环境，但是这里没有跳级、降级的说法。在蒙台梭利学校，没有智力超前或者落后的孩子。三年一个周期，让每个人都可以按照自己的节奏发展，轻轻松松，没有超过别人或者拖后腿的感觉。

混龄入学可以让小一点的孩子得到大孩子的引导，同时也让大一点的孩子巩固已有的知识。混龄入学也能提高孩子的社交能力，让他们从中学会互相帮助、互相尊重和互相交流。孩子们生活在一个很现实的环境当中，才能为明天做好准备。

蒙台梭利教室没有专门的课程，没有某个时间段必须这样或那样的课程表，每个孩子自己选择学习内容。所以，我们在同一个时间可以看到，一个 5 岁的孩子在做科学实验，他旁边的 3 岁孩子在操作教具，对面的一个孩子在磨砂写字板上描写字母。在这里，新生能够按照自己的节奏来适应环境。家长偶尔可以来参观，在教室里观察孩子，也能和教师定期举行私人会谈，参加家长会、教学会的活动等。今天，蒙台梭利学校常常是双语的，虽然这不是蒙台梭利教育法所要求的，但是值得推荐。

| 搭建有利于孩子成长的环境 |

有准备的环境，是指一个能包含孩子成长中所需要的心理、文化、社会、精神等各方面因素的环境，简而言之，就是包含了成长中的基本要素。在蒙台梭利学校，需要很精心地设计环境，根据孩子不同的发展阶段划分区域。蒙台梭利教育环境可以激发孩子的潜能，适应孩子发展的需要。

和谐有序、激发潜能的环境

蒙台梭利教育环境是一个生动欢快的、舒适的、利于活动的环境。教室里安静却不失活泼，有很大的活动空间。教具按照固定的顺序摆放在多层架上，从最简单逐渐过渡到最复杂，很有秩序，便于孩子使用。孩子可以在固定的地方从上百种教具中找到自己需要的教具。各种教具所在的区域是按照不同的学习类别划分的：数学区、语言区、日常生活区、感官区，等等。

美观在蒙台梭利教室布置中是非常基础的一项要求。即使教师不太懂美学，也可以简单地装饰一下教室。我们要给孩子一个令他想要工作的氛围。那些摆放着教具的架子要能够吸引孩子，教具需要得到良好的维护。每个隐蔽的角落都需要用心打理。理想的教室是明亮而生机勃勃的，最好还有植物、动物、艺术作品和书。教室应该是一个美妙的世界，其中的物品及工作内容应经常更换，以调动孩子的兴趣，像是更换新的桌子，以及日常生活练习的新项目，如裁剪植物或花朵模型，切水果、蔬菜等。

适合儿童成长的环境

适合儿童成长的环境能帮助孩子建立自信。家具，尤其是多层架应适合孩子身体的大小，让孩子够得着。应有不同大小的桌子供孩子选择，也能将几张桌子拼起来。他们还可以选择工作的地方，比如在一块小地毯上工作。他们可以在地板上划出自己的工作区域，小地毯则专门适用于某些活动。

在这里，孩子可以自由行动，坐着或站着，说话或不说话，集中注意力，他们将感受到自由、自主、安全、被尊重、被倾听、无条件地被爱……

| 用丰富的教具开发儿童潜能 |

在蒙台梭利教室，那些开发儿童潜能的教具的用法都可以通过自学掌握。它们有不同的种类，被放置在架子上，供孩子取用。

蒙台梭利给孩子创造这些教具的目的，并不是要教给他们某种知识，而是要培养他们的探索精神。她希望每个孩子都能在探索中学习。她认为学习内容只是工具，并不是最终目的。学习并不是为了成功，而是为了参与，通过自己体验和自我探索，孩子就会逐渐成长，其智力也将得到发展。

虽然操作教具取代了教学，但教具并不是为了教学而展示的工具。教具被当作孩子可以自己操作的工具。它是一种学习的方法和用于探索发现的媒介。操作教具的目的不是传授知识，而是让孩子自己探索、成长。促进智力发展只不过是这个过程的起始点，因为孩子的思维能力，还要经历从具象逐渐发展到抽象的过程。孩子操作过的教具和拥有的经验会在他的智力发展过程中留下印记。即使孩子要逐步地脱离教具，他也总会重新回想起曾经操作过的教具，从而加固他对抽象知识的理解。教具就像飞机跑道，孩子可以飞回来，还可以再重新飞出去。这些教具促进了孩子的思维从无意识到有意识的转换。

在蒙台梭利教室里，每个教具只有一份，教室不能变成教具的市场。激发孩子精细感官发展的教具有一些就够了，太多了就过犹不及了。每一种教具都要能实现某项教学任务。

蒙台梭利教具的特点

蒙台梭利教具是长期观察孩子后的科学成果。蒙台梭利应用并改造了法国医生爱德华·塞甘构想的各种教具，同时也精心设计了很多练习。这是她在观察孩子的同时，像做实验一样摸索出来的一种教学方法。

不同的教具传达不同的概念，每个教具都体现一定的难度，而且只体现一个难点。这样才便于孩子理解，不至于要让孩子一下子学习好多个概念，也不像我们往常在其他地方看到的那样，同时给孩子展示各种形状和颜色的书或玩具。蒙台梭利建议，教具要不就只针对形状，要不就只针对大小，要不就只针对颜色或者只针对坚固程度……如图 4-2、图 4-3 所示。比如，教具粉红塔中的每个方块，就只是大小不同而已。

图 4-2　几何固体教具

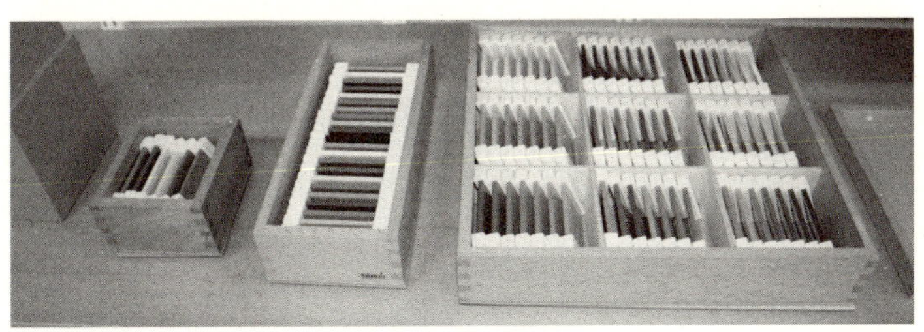

图 4-3　颜色板教具

教具能帮助孩子开发感官。孩子在将感官精细化的同时，还能通过感官体验到要学习的内容。也就是说，在掌握抽象概念之前，先让孩子对这个概念有一个具象的经验。蒙台梭利设计的教具是可以让孩子通过感官来理解这些概念的。

比方说，蒙台梭利让孩子通过触摸珠子来认识几个、十几个、几十个、几百个、几千个、几万个、几十万个、几百万个这些概念。通过拿、移动、掂量、比较这些动作，让孩子熟悉这些概念，这些概念就会在他的记忆中烙下印记，以后就更容易被理解。

教具的大小也适合孩子，这可以增强孩子的自信，也方便他们使用。如果水壶太重，怎么能用来教一个 3 岁的小孩倒水呢？适合孩子大小的教具可以让孩子的动作更到位、更精准，从而提高孩子的动作协调性。

美观的教具可以吸引孩子参与。架子上漂亮的教具召唤着孩子们，调动起他们的积极性。在大部分情况下，一套颜色一致的教具被摆放在架子的同一层，这样除了美观，也便于孩子使用。

最后，也是蒙台梭利教具最基本的一个特点，就是它有纠错功能。这样就能让孩子自己检查，自己修正，而不需要别人来告诉他成功了没有。孩子自己能看到错误，然后自己修正它。这些错误让孩子自发地去重新操作一次。事实上，操作这些教具的目的，不在于成功或失败，也不在于正确或错误，而是在于孩子的成长。纠错功能是自动的，比如，要是做不好的话，盒子就会关不上。

自己纠错可以引发思考，孩子需要通过对比、判断来检查自己的工作成果。锻炼理性思考能力也是这项活动的一部分。比如在操作数学教具时，孩子常常要在练习完成后去查找答案板。

错误也可以被直观地看到。比如，在日常生活练习中，孩子摔坏了一个瓷杯，他自己能看到杯子碎了，成人就没有必要再告诉他一次。有时候，打碎东西的这一瞬间就能对孩子起到警醒作用，以后他就学会小心翼翼，不再打碎杯子了。我们应对的方法，不是将教具换成打不碎或弄不脏的杯子，这样做没有意义。让孩子自己将弄碎的杯子打扫干净，可以让孩子意识到笨手笨脚的后果，这样将促使他学会以后要加倍小心；而斥责或辱骂则压根儿不起作用。

蒙台梭利教具系列

日常生活教具

日常生活教具用来帮助孩子进行日常生活技能的练习。蒙台梭利是偶然发现日常生活练习的重要性的，那时她在意大利圣洛伦佐开办了一所学校。当她让孩子们洗手时，她发现有些孩子即使手很干净也在不停地洗。观察了一段时间后，蒙台梭利就安排了一些与日常生活相关的练习，给孩子模仿成人的机会，让孩子像成人一样做事。像成人一样，这就是吸引孩子的地方。比起玩具和想象中的事物，现实中的活动更能强烈地吸引孩子。这就是在蒙台梭利教室里进行日常生活练习的原因。这些活动很有趣，让孩子着迷，能够培养孩子的专注力。

在做日常生活练习的同时，孩子也感觉自己归属于这个集体。他能接触到现实生活的内容，这些内容无论何时何地都伴随着孩子的成长，不过在不同的地域，内容稍有不同。

日常生活练习会将日常中的每个动作都分开操作，这样就将难度也进行了分解，便于孩子学习。孩子先通过模仿练习，再进行实际操作。在这个过程中，孩子可以不断摸索，不断练习，增强自信。

这些有序的练习还可以让孩子动作协调，不仅能促进运动机能，如走路、肢体控制、平衡动作的发展，还能增进精细动作的协调，如手眼协调。在控制动作时，孩子也学会了控制自己，因为只有动作有序，逻辑才能够有条理。最初的练习非常简单：提一个篮子、端一个盘子、拿一件物品、搬一把椅子、叠、切等。应将日常生活中的物品按照使用的顺序摆放，以方便孩子工作，同时也便于孩子安排活动和理清逻辑。

更复杂的练习是几个动作的组合，比如缝纫、擦桌子、洗内衣、擦镜子、照顾植物等。这些练习能锻炼孩子的组织能力和长时间的专注能力。

刚开始，孩子做日常生活练习是为了自我发展，大概五六岁时，就开始是为了整个集体，他开始向别人展示。不只是擦桌子，他还可以擦教室里所有的东西。孩子不再以自我为中心，日常生活练习有了另一个层面的意义，即帮助孩子适应社交敏感期。

感官教具

如图 4-4 所示，感官教具的操作应放在日常生活教具之后。锻炼孩子的精细感官更难，它针对的是更大一些的孩子。孩子对教具进行配对和排序的时候，一些精细感官开始得到开发。通过这些练习，孩子能更精确地认知现实世界。他开始成为周围环境的观察者和探索者。孩子在环境中进步越快，就能越好地自我定位和适应环境。他也会从中获得自信。在使用感官教具的时候，孩子通过组织协调自己的感官认知机能，避免了大量认知混乱情况的出现。

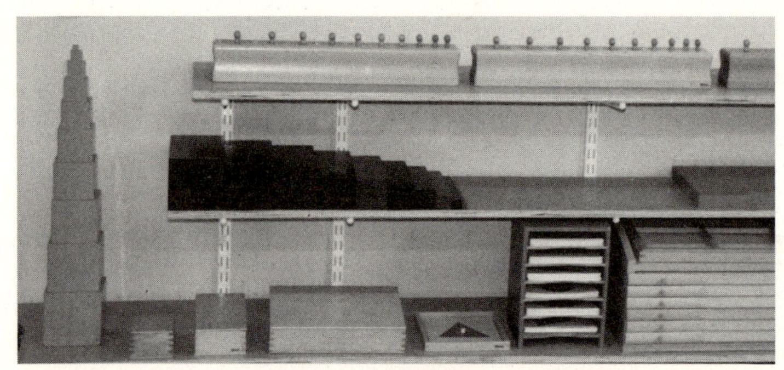

图 4-4 感官教具

操作感官教具也可以帮助孩子从感官体验过渡到概念理解，也就是从具象到抽象的过渡。孩子可以观察、比较、摆弄、评价、推断，大脑和手都得同时使用。感官教具也能促进智力的发展，因为智力很大程度上由感官开发。教师在“三段式教学法”中帮助孩子理解抽象概念。感官教具也是学习数学和语言教具的一个跳板，使用数学和语言教具需要更抽象的思维，能锻炼更加重要的思考能力。

APPRENDS-MOI À FAIRE SEUL
关键词

三段式教学法

所有的概念都是教师在孩子拥有了具象经验之后，通过“三段式教学法”教给他们的。“三段式教学法”在孩子学习语言的过程中扮演着重要的角色。可以让孩子给需要认知的事物命名，然后进行抽象化，以帮助孩子掌握语言。

可以用颜色板教具来展示“三段式教学法”。

1. 命名

“蓝色，这是蓝色。”孩子重复：“蓝色。”

“黄色，这是黄色。”孩子重复：“黄色。”

“红色，这是红色。”孩子重复：“红色。”

这是第一步。我们只是命名抽象出来的概念，而不是物体本身。我们不说“蓝色的板”，而是说“蓝色”。

2. 让孩子认出来

“能给我指出蓝色吗？”孩子用手指出来。如果他指错了，就鼓励他自己更正。

3. 让孩子说出来

“这是什么？”孩子回答：“这是蓝色”。

概括起来，“三段式教学法”就是：第一步，说出一个词语，让孩子重复，比如跟着说“蓝色”；第二步，让孩子弄懂这个词语，能够认出来，即指出“蓝色”；第三步，孩子掌握了这个词语，能够说出来并且会使用，即说出“蓝色”。

我们不说“大正方形”和“小正方形”，只说“大”和“小”。给孩子展示一个大的物体，将它与一个小的物体比较。通过同类型的展示让孩子从中抽象概括出这些概念，一次介绍两三个概念就足够了，不要太多。

语言是文化的代码，通过“三段式教学法”，不只是教给孩子语言，更是对孩子进行文化的熏陶。

数学教具

蒙台梭利发明了数学教具。她将复杂的概念分解成一些简单的项目。孩子通过操作这些数学教具，可以开发蒙台梭利所说的“数学头脑”，或者说是分析能力、总结能力和抽象思维能力。这些教具可以提高孩子的逻辑性，也就是区分、比较、组织和推理的能力。操作数学教具，应先从数数开始。

语言教具

使用语言教具，首先是我们和孩子说话的口气要自然，不要用婴儿语言；其次是要看着孩子，视线保持和他一样的高度。教育者不能取笑孩子说话的方式，要懂得委婉地指出他语言中的错误，帮助他再次正确表达，要避免为了改正错误而一再重复某个错误。要教会孩子用语言来表达所思所想，不要认为尖叫、打闹、哭喊是交流的方式。

语言敏感期开始于孩子出生前，在接近两岁的时候达到高潮。语言教具可以从孩子两三岁时开始使用，和日常生活教具的练习同步。

这些教具包括按顺序摆放的系列故事书、照片或者可以描述的图片、海报；还包括发音游戏，比如英语游戏“小侦探”，这个游戏的玩法是让孩子找出以某个音节开头或以某个音节结尾的词。

当孩子对字母了如指掌后，我们就给他磨砂字母，即在一块木板上用砂纸质地材料做成的凸起字母。练习描摹磨砂字母可以让孩子同时学会字母的发音和写法，但不包括音标，因为音标会妨碍孩子的阅读。当一个孩子开始读的时候，他看着字母一个个发音，然后再把它们连起来读。孩子认出这个字母，然后突然就大声地说了出来，今天我们称之为组合分析。如果一个孩子不能将这个字母联系到所发的音，他就有认读困难。举个例子，“摩托”（mo tuo）[1]，如果孩子发不出“mo tuo”这两个音，他读出来的可能是任何东西但不是“摩托”。但如果

---

① 原文是法语单词 moto，为便于理解，换成了中文拼音 mo tuo。——译者注

他发出了“m-o-mo，t-uo-tuo”，好了，他就成功了。磨砂字母是将视觉、触觉、听觉联系起来认知字母的教具。孩子看到它，然后顺着它的笔画描摹，同时发音，这样他就能将每个字母的形状、手指的动作和发音联系在一起了。描摹磨砂字母促进了孩子书写动作的发展。通过描摹，孩子将这个动作印在脑海里，同时也记住了这个字母。描摹要从简单的字开始。

到扩展词汇量的阶段，就要多教孩子认识复杂的词。这些词并不如我们想象的那样多，完全可以开始跟孩子讲解。语言敏感期是孩子吸收词汇量最多的时期，他吸收得越多，对词汇就越有兴趣。

说到写和读，很大程度上是为了培养自信和专注力。如果孩子身边的成人经常读书、写字、收信、寄信、写便条等，他就会对字更有兴趣。在开始的时候，可以让孩子通过画画来写信，自己写故事，然后做一本书，或者让孩子讲故事，我们记下来，再让孩子画插画……能够激发孩子读写兴趣的方法还是有很多的。

写，就是创造，就是传递思想。读，就是阅读别人的思想，认识另一个人。

科学教具

教孩子认识科学，就是让孩子认识他所在的这个世界，给他展现探索这个世界的可能性。我们可以坐在孩子身边，给他解释科学术语，教他学会阅读，从具象经验到抽象概念，从认识的到不认识的，从整体到细节。

研究生命的目的就是要让孩子认识并尊重这个世界。科学教具可以帮助孩子拓宽视野，意识到自己与环境的关系。孩子渐渐会对环境感兴趣。环境问题在今天可是一个谁都无法逃避的话题。

从 6 岁起，孩子不再以自我为中心，开始关心世界，对生物科学的兴趣越来越浓厚。但是这需要他对现实世界有一定的认知基础，我们鼓励孩子自己去观察。

要给孩子做科学实验、提供观察现实世界的机会。在我们提供的环境中，要有植物和动物等生物种类，孩子会产生兴趣，开始思考“兔子是怎样生活的”“郁金香成长需要多长时间”等各种问题，还会担负起仔细照顾这些生命的任务。通过这些，他们就能明白环境会随着时间而改变，比如四季会变换，植物会生长，蝌蚪会变成青蛙……

当孩子通过仔细观察对科学有所了解后，就可以给他提供相应的词汇了。从 4 岁半起，当孩子在生物环境中的体验有所增加后，就可以开始观察实验了，然后利用一些做过的观察实验，继续扩展研究范围。比如，可以让孩子比较教室里的鸟、花园里的鸟和动物园鸟笼里的鸟，也可以给出一个物种或一个植物类型，然后抽象概括出它们共有的特征，让孩子逐渐从简单的观察过渡到系统观察。这时，使用的词汇要更加精确。

教给孩子动物学和植物学的分类术语，比如两栖动物、爬行动物、哺乳动物，根、茎、叶、花、树等，它们能帮助孩子整理和思考这些知识。没有什么比在大自然中散步更能增加孩子观察的兴趣和体验的了。

历史教具和地理教具

历史教具和地理教具的目的更加明确，是帮助孩子从近到远发现、认识和接受不同于自己本地文化的其他文化，由从前的无知到逐渐产生包容心。

在 3 ～ 6 岁蒙台梭利班级的学习内容里，有很多地理知识：实体地理，包括地球仪、平面地图、大陆拼图等；文化地理，包括借助卡片和图片展示的地理文化等；政治地理，比如国旗等。

孩子大概在 7 岁的时候开始接触历史的概念。在 3 ～ 6 岁的蒙台梭利班级里，可以准备一些历史活动，让孩子更好地进行时间定位。

音乐教具

使用蒙台梭利音乐教具可以教给孩子音律的基本常识，之后就可以鼓励孩子自发地用音乐表达想法了。这是让耳朵听音和嘴巴发声的基础教育。最精彩的教具就是一套可移动的音铃，用一个小木槌可以敲出具有特定音阶的声音，声音持续的时间很长，小木槌也可以用来消音。每个音阶都有两个，这样可以玩配对、排列和识别的游戏。当孩子通过感官掌握了这些音阶后，就可以让他在五线谱上用音符来表达自己的感受和想法了。

艺术教具

艺术教具可以自行取用，让孩子发挥创造力，也就是让孩子将一些熟悉的印象经过酝酿后再表达出来，如图 4-5 所示。一些技术性教具则要通过偶尔的集体展示才能让孩子操作。

图 4-5　操作艺术教具

| 蒙台梭利教师都是细致的观察者 |

在教育孩子的过程中，教师起着关键的作用。教师的作用不是灌输知识，而是教给孩子学习的能力。重要的是，教师不要认为自己是知识的拥有者，而应该把自己看成帮助孩子寻找知识的导师。如图 4-6 所示。

图 4-6　蒙台梭利教师

教师的任务

教师在蒙台梭利教室里有三个基本任务。下面分别展开来说一说。

观察儿童和讲解教具

教师要明白，只有教具才能配合孩子的成长节奏，让孩子专注。

教师引导孩子独自操作教具或与孩子一起操作，我们称之为讲解教具。最好是在孩子右边讲解，这样孩子可以看得更清楚。用分解得极其细致的动作来介绍每一个教具，这样细致的操作，对引起孩子的兴趣是很重要的。在介绍之前，教师应该先分析哪些动作是需要展示的，这意味着教师自己能长期熟练地操作教具。在蒙台梭利的教师培训中，有相当长的时间是用来练习操作教具的，为的就是让教师达到相当熟练的程度；还要做教学笔记，将操作的过程记录下来。教师自己做笔记，就能将其牢记在心，这些笔记还要让培训师认真检查，教师可以在日后翻阅这些笔记时，回忆起每个细节。

一个好的讲解，需要足够的准备和足够的细致程度，具体如下：

- 教师用心，孩子同样也会用心。
- 从固定的地方拿教具。
- 和孩子一起选择一个工作的地方，轻轻地放置好教具。
- 用缓慢的分解动作详细讲解教具的操作方法。
- 让孩子自己操作，给他时间自己练习。
- 不要打断他，也不要鼓励，不要插手。
- 和孩子一起收拾教具，强调教具要放回原来的位置。

- 当孩子想要教具的时候，给孩子再次操作的机会。
- 保证教具的吸引力，方便孩子随时使用。

最好是按照一定的顺序将教具介绍给孩子。教师的任务是在合适的时间介绍合适的教具，所以教师应该非常了解每个孩子处于哪个学习和发展阶段。他的作用就是要耐心地给孩子讲解教具，必要的时候还要重复讲解，将每次的讲解看作给孩子的礼物，让它成为打开孩子成长大门的钥匙。但是，就像我们之前所说的，教师既不需要去检查，也不需要去给孩子纠正错误。但即使不检查，教师也应该知道孩子进行到什么程度了。教师不是通过看他的小本子，而是通过观察孩子怎样操作教具来得知一切的。

因此，"观察"是蒙台梭利教育法的关键所在。教师在"讲解教具"和"观察孩子"这两个任务间转换。蒙台梭利认为，理想的情况是教师讲解得越来越少，观察得越来越多，这才表明教学已经标准化，孩子真的能通过教具来实现独立和自我成长。教师的介入需要非常精确和谨慎，一定要在孩子需要的时候才介入。

保持良好的环境

为了让孩子能够专心地操作教具，蒙台梭利教室需要有适合工作的氛围，所以要有序、安静、祥和。孩子们身体上、情绪上的不舒服要得到及时解决。教师意识到这些的时候，要以接纳的心态帮助孩子解决问题。

保持良好的环境，就是要保证这个环境一直丰富多样，有利于孩子开展感兴趣的活动。这个环境还要一直整洁、干净、有吸引力。教具要有序地摆放在盘子里，盘子要有序地摆放在架子上，如此等等。不管孩子拿什么，都应该尊重他，因为他有选择的权利。另外，蒙台梭利教具的每个要素都要具备，不足的地方要及时补上，这样孩子才不会因为缺失一个小东西而打断整个工作进程。

保持良好的环境，换个说法就是保持秩序。但是要提醒一下，这里所说的秩序不是收拾整理的那个秩序，而是逻辑结构上的秩序。在有秩序的环境中生活的人才能做到逻辑有序。因此，蒙台梭利教师还需要一名助手来帮忙完成这些任务。

准备一个良好的环境，其实是教师间接影响孩子的方式。良好的环境可以促进孩子的身心和谐发展。

APPRENDS-MOI À FAIRE SEUL

大　家　说

在蒙台梭利学校领悟科学的内涵

科学预备班的学生

我的整个学习阶段都是在一所蒙台梭利学校度过的，蒙台梭利学校给我留下了不可磨灭的记忆。我从蒙台梭利教育法的点点滴滴中受益良多，这个教育法跟随孩子的发展节奏，让孩子融入活跃的集体当中。我在理科方面入门轻松，水平高于一般小学的孩子，尤其要提及的是，我能领悟到科学的内涵，对数学也领悟得很深。

蒙台梭利教育法在社交方面对我的影响尤其大。我在一个互帮互助的集体中成长，而不是像在传统学校中那样，与其他人相互竞争。我在一个真实的小社区中学会了在社会上生存所需要的基本能力：想象能力、合作能力和适应能力。后来我进入传统学校时发现，这些学校对学生这些方面的培养都很不足。我至今都对那几年自由自在的学习留有美好的记忆，因为我从中明白了重要的一点，那就是，学习不是服苦役，学习是快乐的。

陪伴每个孩子成长

教师要帮助孩子自我发展，应该先了解每个孩子的个性、想法和特质。

教师的作用是陪伴孩子成长，而不是指挥他们。孩子会按照自己的节奏自然成长。教师要尊重孩子学习的节奏，适当地激发他们的学习欲望，但不要太多，也不要太少。这种多少的平衡，要通过观察孩子来达到。教师可以识别出孩子在两段高度集中的工作中出现的“假疲劳”现象。

蒙台梭利发现，孩子大约有三小时的工作周期。这个周期可以从一个相对简单、容易吸引注意力的所谓“小工作”开始，接下来就是一段疲劳期。在这段明显的不活跃状态之后，孩子会自发地选择一个教具，投入到一段长时间集中注意力的“大工作”中。蒙台梭利也注意到，如果一个教师介入孩子那段假疲劳期，孩子的工作周期就会被打断，接下来孩子就无法投入到“大工作”当中了。如果教师在错误的时间介入，也很容易破坏孩子的专注力，所以应该接受孩子在两段工作之间有一段休息时间，即使在这段休息时间孩子会动来动去。教师要能够预见工作的下一个周期，在这个“大工作”周期前，不要用娱乐或诸如语言课、美术课等外来课程打破孩子的规律。

但是，如果孩子真的无所事事，找不到能够重新专注的事情来做，教师就要担当“启动装置”的角色。可以请孩子去选择一个教具，也可以推荐一个可能会让孩子感兴趣的教具，给他讲解。不要忘记，兴趣是专注力的基础，一切为培养专注力而努力，这就是要区别对待各种活动的原因。不应该强迫孩子参加一个违背他意愿的活动，那样会让孩子兴趣索然，注意力分散，更严重的甚至会让孩子产生抵触心理，出现学习障碍。教师的作用是激发孩子对活动的兴趣，孩子自发的动机会有更大的潜力。如果强迫孩子，就容易引起他的反感。

如果是另一种情况，如孩子超前学习，也不利于他学习本应该在这个阶段学习的内容。这就是教师应该细心观察孩子，在孩子不同的发展阶段陪伴他的原因。

蒙台梭利给教育者的建议是：

> 让孩子感到教师是随时在他身边为他服务的，但是教师的这种关注在孩子表达需要之前是低调的，不易被发现的。

教师的任务不是评判孩子，更不是给孩子打分，而是帮助孩子在最佳状态下自我发展。一个孩子干劲十足、热情高涨，正是他体会到学习很快乐的最好证明。教师为了激发孩子这种学习的激情，就要在教室里营造一个宽松的氛围。压力是学习的最大阻碍，因为它抑制了智力的发展。教师要注意不能有太苛刻的期望，要允许孩子表达自己的情绪，要接受他，尊重他，倾听他的烦恼。

当孩子遇到学习困难的时候，教师要将这个难点从整个内容当中抽离出来，蒙台梭利称这个难点为“注意点”。既然孩子觉得这个内容很难，把它分离出去，就可以将孩子的注意力重新集中起来，这样便可以再次调动孩子的兴趣。孩子能有再次专注的机会，是因为他们有追求完美的天性。一个练习的注意点在不同孩子身上和不同的情景中都会不同，因此教师在孩子遇到困难时，要将重点锁定在难点上。一个难点就是一个注意点，所以注意点由当下的情况所决定。

APPRENDS-MOI À FAIRE SEUL
大 家 说

压力是学习的阻力

卡特琳·迪蒙泰伊－克雷默（Catherline Dumonteil-Kremer），

家庭咨询师和蒙台梭利教师

当我们承受很大压力的时候，大脑就像短路了一样，学不进任何东西。

为了优化孩子学习的环境，需要认识到压力的来源，这样才能够帮助孩子抵抗压力。一部分压力可以通过释放情绪来得到缓解。一个家庭困难的孩子很难有兴趣去学习，如果教师不能觉察到这些的话，对孩子来说就非常不公平。

当感受到父母对他们的学习寄予过高期望时，孩子也会非常焦虑。如果大部分时间，孩子的学习内容都由我们来决定，那么孩子长大之后对生活就会不甚了解。我们往往是为了弥补自己的缺憾，而给孩子安排我们想要他们走的道路。糟糕的是，这的确是一条不归路。孩子应该去体验他们想经历的一切，他们应该能够决定在什么时候学习什么东西。

阻止孩子学习我们安排之外的内容是与学习规律相悖的，这也是孩子感到压力大的原因。当孩子在强压下学习时，学习就变得很机械，孩子的智力也得不到开发；分数和评估也会阻碍孩子天然的学习能力，这个阻力将伴随他们一生。

教师的素质

蒙台梭利在《科学教育法》中写道：

新型的教师，应该少说话，多观察，保持谦虚和蔼，收起那种不许孩子犯任何错误的傲慢。

教师的态度和理念最为重要。教师应该研究自我、认识自我。只有接受自己才能接受别人，接受孩子本来的样子。当认识到自己的优点和缺点时，教师就可以认识并接受孩子的优点和缺点。蒙台梭利常说教师应该既博学又博爱，也就是说，教师应该既学识丰富又道德高尚。教师要谦逊，不耻下问，不要自认为是不可辩驳的权威。教师最好还要不断地问自己："我这样做对孩子的发展是有利的还是有害的呢？"这种不断的质疑有助于自我分析，并且逐渐满足孩子的需求。蒙台梭利教师不仅应该了解每个孩子的个性和发展阶段，还需要具备更多的素质，比如下面讲到的这些。

服务奉献精神

服务奉献、关心孩子和负责任的态度，一般都是同时体现出来的。教师要为孩子的进步而欢喜，但也不要那么得意扬扬。即使是自己带领孩子进入知识的殿堂，教师也不应该自视为最大的功臣。教师要脱离以自我为中心，应将注意力转向孩子。教师被赋予的职责是通过含蓄的爱来指引孩子，并充分意识到孩子才是他自己的导师。

教师要信任孩子，认可孩子有足够的潜力去开发他自己的能量。在这个发展过程中，教师要将自己置于服务的位置，以便让孩子的发展更加顺利和谐。

蒙台梭利在《教师的十诫》（*Décalogue de l' éducateur*）中写道：

> 对待孩子要用最礼貌的方式，给予他们你所能给予的最好的部分。

耐心

教育者要有耐心配合每个孩子成长的节奏。教师有足够的耐心，才能让孩子放松。教师对孩子越关注，孩子也会越关注周围。教师对孩子越温柔，教育就越有效果；越控制孩子，孩子的抵抗就越强烈。教师应该知道用坚定的语气说“不”，但是要温和，不能太凶。要温和地向孩子说明规则和纪律，不要总是变来变去，要让孩子在固定的规则下感到安全。

有耐心是教师最基本的素质。比起用程式化的教条直接给孩子下命令，有耐心的教师更能给孩子树立正面的榜样。教师要做到少管教。

要设身处地为孩子着想。要记住，最后的结果并不是采取哪种教育方式的理由。我们没有权利丧失耐心，因为这样做的话，孩子也就不会拥有耐心这一素质。最重要的是，孩子学习的不是知识，而是方法。选择哪条道路，总比到达哪个目的地更重要。

APPRENDS-MOI À FAIRE SEUL
大 家 说

观察蒙台梭利公立学校

在法国，不是所有的蒙台梭利学校都是私立的，有三所公立的蒙台梭利学校，分别位于雷恩（Rennes）、里昂（Lyon）和鲁贝（Roubaix）。我去的是北部的一家。

鲁贝让纳达克学校是一所教会学校，由拥有 600 个学生的高中和拥有 660 个 2 ～ 11 岁孩子的蒙台梭利学校组成。这所蒙台梭利学校将孩子分成 3 ～ 6 岁、6 ～ 9 岁、9 ～ 12 岁三个阶段。这所学校是在 19 世纪末由修女建立的，其中几个修女认识蒙台梭利本人，1944 年，她们开始在幼儿园应用蒙台梭利教育法。这些修女参加了蒙台梭利的系统教师培训，非常认真地实践了这个教育法。今天，在这个学校工作的老师都必须拥有蒙台梭利教育培训中心颁发的国家资格证书。该培训中心也给在职教师提供蒙台梭利进修培训。

2000 年，一个叫克里斯蒂安·马雷夏尔（Christian Maréchal）的教师从法国国际蒙台梭利培训中心（ISMM）获得了国际蒙台梭利教师资格证书。马雷夏尔本来是人力资源管理师，但后来迅速将职业方向转向了教育行业。有一次，在马雷夏尔做人力资源管理师培训教师的过程中，每个学员都需要介绍一种教育法，就是在这样一个偶然的机会下，她接触到蒙台梭利教育法。在马雷夏尔还不是很了解这个教育法的时候，她对其存有很多疑虑。但是最终，蒙台梭利教育法给她开启了一扇门。至今，马雷夏尔已经在蒙台梭利教育环境中陪伴孩子超过 20 个年头了。她还在法国国际蒙台梭利培训中心参与一些课程培训。

我有机会去观察马雷夏尔带的 3 ～ 6 岁孩子的班级，那是一所真正的儿童之家。那里的氛围非常祥和，所有孩子都特别专心。小不点儿们自然而然地学会了该学的所有知识，脸上都绽放着光彩。孩子们走路很安静，长时间专心地摆弄某个教具，每个人都忙于自己的事情。我看到：一个孩子在读小卡片，一个在读小册子；一个小女孩在写磨砂字母 r，一个男孩在细心地描摹阅读练习的插画；一个孩子正拿着一根蜡烛做实验；一个小男孩在问另一个孩子他读的这个字母对不对，然后很礼貌地表示感谢；一个女孩在把代表每个词语属性的标签摆在句子上方；一个孩子在练习开关锁；一个小女孩在兴致勃勃地画画；一个孩子在给花瓶换水，然后将花瓶放在桌子上；一个小男孩轻轻地正在钟上轮着敲“发”和“唆”两个音……

马雷夏尔在给几个孩子介绍数字小条，另外几个孩子自发地凑过来看。在厨房的一角，一个小女孩在榨橙汁，两个孩子在准备咖啡和茶，然后用移动小餐桌送给在同一楼层工作的老师们……一段时间过去了，孩子们将不再使用的教具摆放回原位，又拿走了另一些教具，开始了新的工作…… 有些孩子对一个教具能专注 45 分钟，有个孩子甚至一下子修剪了十几束花。这群孩子在这个相互尊重的环境中自己忙着自己的事，旁边还放着轻缓的音乐。

马雷夏尔悄悄地在孩子需要的时候提供帮助，同时还要不时地观察整个教室。她建议一个小女孩选择某个教具，那时教具正完好地摆放在架子上，马雷夏尔轻轻地用双手把它拿下来，然后轻轻地放在桌子上。这些整洁好看的教具吸引着孩子们。

这期间，马雷夏尔离开了教室一会儿，但孩子们还是继续安安静静地工作，没有丝毫变化。当她回来的时候，她观察了一下教室，然后走向一个正在做移动字母表的孩子。随着时间的流逝，孩子们的专注力有所提高。两小时不知不觉就过去了。接近中午，集体放松休息后，孩子们穿好衣服准备出去玩。他们脱下围裙，围裙上的扣子很大，很容易解开。大孩子帮助小孩子穿上大衣，将围裙挂在衣架上，这样团结友爱的氛围对于所有孩子的成长都有帮助。

马雷夏尔说，孩子间的相互协作在蒙台梭利教室很容易就能实现，互相帮助让大家都有幸福的感觉。一旦需要，孩子们立刻就会团结起来。马雷夏尔悄悄地叫孩子们的名字，一个一个地告诉他们去休息。教室从来都很安静，也很舒服，这能从孩子们的脸上看得出来。

整个上午，孩子们开心地自己选择法语、数学、地理或者其他科目学习。他们通过具象的形式轻松地理解了很多知识。在蒙台梭利教育环境中，100 并不是一个抽象的数字，而是一个由 10 个小珠棒组合成的正方形，每个小珠棒又是 10 个小珠子的组合。孩子能够拿起这个正方形，然后将它分成 100 个小珠子，这样他便能看到 100 就是这个样子。通过操作教具，孩子可以了解每一个概念。这些体验不只能满足孩子的好奇心，也会让他记住，等将来回想起来的时候，有助于他理解抽象概念。

得益于吸收性心智，孩子深刻地理解、内化了这些概念，由具象达到抽象。同样，得益于他们所经历的敏感期，孩子们被那些能够满足他们求知欲的内容所吸引。如果能够识别、尊重并激发这些敏感期，孩子们的求知欲便会源源不竭。这些都是我在前面大篇幅谈过的，在马雷夏尔班级观察到的情景只是一个缩影。这里的氛围充满激情，生机勃勃，同时又安静祥和。静静地去看这个充满智慧和爱的世界是一件多么幸福的事情，就在我们眼皮底下，一切都自然而然地发生！至于马雷夏尔，她当然会说：“蒙台梭利教育法确实好！”

引导孩子参与

蒙台梭利教师应该能激发孩子的兴趣，让他们沉浸在活动中，不知疲倦地去发现、去探索。为此就要准备丰富的环境和多样的活动，鼓励孩子去选择。不仅如此，教师还要能够增加新鲜的花样，开发孩子的兴趣点，才能引导孩子主动参与。

倾听孩子

蒙台梭利教师要学会倾听，不只是听，还要以让孩子接受的态度来倾听。为此，教师要能够安静下来，让自己不说话，专心地听孩子说，配合孩子的心情。这样可以教会孩子以他人为中心，接受他人的表达方式，理解他人的感受。

在和孩子交流的时候，要尽可能地和孩子的视线保持同一高度，坐着、弯腰或者跪着，这样我们可以看着孩子的眼睛，和孩子有真正深刻的眼神交流。

倾听孩子也就是去感受他要表达的内容，即使他还不会用语言表达。我们要听懂孩子只言片语中的意思，实现真正的交流。虽然蒙台梭利没有使用一个叫“积极倾听”的术语，但她的意思是一样的，就是真正认真地去听对方说，或者去理解对方努力表达的内容，即使这个过程中没有语言。

观察孩子

观察是蒙台梭利教育法的基础。观察可以读懂事情发展的脉络，明白别人的需求，这样才能更好地提供帮助。当我们观察孩子的时候，我们在思考，在研究孩子，这样才能更好地认识孩子，懂得孩子，从而更好地服务于他们。经常观察孩子能够帮助教师不束缚孩子，不给孩子贴标签，将他们看作一个在进步着的生命。观察就像将当下拍成照片。经常观察孩子，能让教师总是有一个崭新的视角。

教师观察孩子，是为了知道每个孩子到了哪个发展阶段和学习阶段。孩子也需要教育者观察他们的眼神，因为从这种眼神中，孩子能感觉到被接纳、被包容。

APPRENDS-MOI À FAIRE SEUL

大 家 说

从蒙台梭利学校过渡到传统学校

瓦莱丽·图泽（Valérie Touze），蒙台梭利教育工作者

我是一名蒙台梭利教师，在巴黎的一所双语学校工作了8年。我刚去这所小学的时候，那里有30个3～6岁的孩子，现在已经增加到了50个，孩子的年龄也扩展到了11岁。我们学校的家长可以通过注册申请来学校参观，他们经常问的问题就是："孩子以后进入传统学校怎么办？""他们怎样去适应这个变化呢？"今天，我能很好地回答这个问题了，因为我不仅有了更多的教学经验，而且有了当妈妈的经验。我的两个儿子都在这所学校上了三年学，然后去了传统学校，因为那时，我们蒙台梭利教育系统里还没有小学。

家长最大的担心就是，孩子怎样从一个什么都能做的环境转变到一个整天要坐着听讲的环境。我们先要知道，从大班进入学前班，在传统学校中是很重要的一步。孩子在大班时集体活动很多，到了学前班就被要求做更多的家庭作业。在蒙台梭利教室，孩子们即使没有一个漂亮的书房，也习惯自己坐下来专心投入地工作。随着年龄的增长，他的专注力也在提高，也能长时间地持

续学习。从这一点来说，蒙台梭利学校教育出来的孩子更适应学前班。不管怎样，学前班的教师如果知道他们面对的孩子在之前没有长时间专注工作过，就会调整课程时间，来适应孩子专注力持续的时间。

在蒙台梭利教室，孩子们即使是被老师指引着的，也是自己掌握活动的节奏，他们可以选择自己的活动，做完一个再开始下一个。而在传统学校里，整个班级都要步调一致，有些孩子学得太快或者教师教得太快，那么跟教师节奏不同步的孩子就很容易开始觉得无聊。所有孩子都会遇到这样的问题，而不只是来自蒙台梭利教育系统的孩子。实际上，蒙台梭利学校教育出来的孩子适应力更强，更加独立。我的第二个儿子在进入传统学校时，学习上步调稍微快一些，所以他用更多的时间去社交了。这正是他最需要的，因为蒙台梭利学校的大部分孩子从上小班起就相互认识，而来到传统学校，他需要时间去结识更多的朋友来融入这个新的环境。他学习上的快进还大大增强了他的自信心！

总而言之，今天高年级的孩子们都难以忘记他们在蒙台梭利学校的日子。我发现他们保留更多的，是那段岁月留给他们的感官记忆。在蒙台梭利教室，他们通过非常具象的方式理解了很多概念，这些为他们后来的学习奠定了坚实的基础。直到今天，这些孩子都还非常自信！

| 混龄上课的蒙台梭利小学 |

从 6 岁起，孩子进入另一个发展阶段，会经历其他的敏感期：想象力和文化敏感期。他想知道一切。“探索发现，快乐学习”，就像蒙台梭利所说，是教育的基本目的。好奇、质疑、找寻答案，调查、实验、假设、观察，还有很多比知识更重要的做人之道……如果能够将这些做得很好，孩子将会在未来一生成为他自己学习的主人！如果没有这种学习的热情，死记硬背将会毫无用处，因为死记硬背的知识很快就会遗忘，对于未来起不到一丁点儿作用。

蒙台梭利提议，教学应从整体出发，然后逐渐走向具体。在《从儿童到青少年》（*De l'enfant à l'adolescent*）一书中她写道：

> 教育的一个基本原则就是不要教琐碎的知识，这样容易让孩子将其混淆。关键是要帮助孩子建立对事物之间联系的认识，这样他们才能真正地掌握知识。

蒙台梭利的这句话，并不是说细节不重要，而是要让孩子先去掌握知识的总体框架。

科学知识可以帮助孩子对宇宙有一个整体认知，这些认知会伴随孩子，引导他们开启阅读之门，给予他们探索世界的方法，让他们懂得自己和这个世界之间的关系。为此，要先让孩子掌握各个事物之间相互依存的关系。

从吸收性心智到理解性心智

3～6 岁的孩子通过吸收性心智来认识周围的世界。他学着了解自己，逐渐变得自信。6～12 岁时，孩子的吸收性心智转变成理解性心智，这时，他就需要了解世界，看到世界的全貌。

孩子在 6 岁之后开始动脑筋，不停地提问题：为什么？怎么样？什么时候？这时的孩子有很强的逻辑思维能力。逻辑思维需要通过各种活动来锻炼，他们在努力尽早地脱离具象的教具。

6～12 岁孩子的特点有以下这些：

- **社交**。作为社会中的一员，这个阶段的孩子会更加努力地寻找自己的伙伴，而对家庭的需求会逐渐减少，他会本能地和朋友扎堆，喜欢和朋友们一起行动。

- **道德**。这个阶段的孩子喜欢参与社交和集体生活，有了公平、公正的概念，想区分好与坏，想知道什么能做，什么不能做。
- **想象**。孩子天生具有想象的能力，想象力可以让孩子直接感受到那些肉眼看不见的东西，想象力在这里并不是指幻想、空想，而是指能帮助孩子更深入理解抽象内容的能力。
- **文化**。这个阶段的孩子自己能吸收文化知识，这是无限制地播种文化种子的最佳时刻。
- **智力**。这个阶段的孩子对什么都感兴趣，只要我们能用合适的方式给他讲解，就会发现他比我们想象的要聪明得多。

为了让孩子更好地融入社会、融入这个国家和这个世界，蒙台梭利小学教育的主要内容是“宇宙教育”。孩子渴望去了解动物、植物和他周围所有的事物，由此，孩子便学会了尊重他所在的环境。宇宙教育先给孩子一个整体的框架，然后再去填充细节。孩子在了解语言、数学的过程中会想起之前学过的东西，同时，现在学习的内容也是在为将来的学习做准备。

对于地理、历史、生物、环境、数学等科目，我们要给孩子提供尽可能多的开发型教具，所有的教具都是为了全面地培养孩子。操作教具能让孩子形成自己的判断，再一步一步地形成抽象思维。蒙台梭利教育法的一个目的，就是让孩子明白思考的过程胜过思考的结果。在这个过程中，教师应注意使用合适的教学术语。

我们鼓励孩子在每个领域进行个人或集体的探索。我们会向孩子展示怎样研究、怎样开展集体合作、怎样写文章、怎样总结、怎样构建故事框架，等等。也可以邀请校外的专业人士来教孩子做些手工艺术活，或者针对孩子感兴趣的领域给他做介绍。

一旦研究结束，就要给孩子提供展示的机会，让他做一个公开的口头报道，以展示他的发现。这是一个新的激励，能让孩子巩固自己的新发现，还能增强他的自尊心和自信心。这一切都是为了激发孩子的好奇心、兴趣和潜能。要尽量引导孩子提出问题，然后再通过他自己的研究得到解答。尤其要在孩子探索、理解世界的过程中陪伴他，还有最重要的就是，要尊重他！同时要让孩子明白，合作是成功的助力，要让他学会相互尊重。

APPRENDS-MOI À FAIRE SEUL

大 家 说

蒙台梭利小学的特别之处

阿梅莉·伯恩（Amélie Byrne），蒙台梭利教师和蒙台梭利学校校长

孩子应该先完成3～6岁的学习任务，才能从6～9岁的蒙台梭利教育环境中获益。孩子5岁的时候仍然需要进行日常生活练习和感官练习，但这些练习在6～9岁的时候就不再需要了。6～9岁的孩子能够继续根据自己内心的指引自由地选择活动，只要这项活动有助于他的智力发展和专注力的提高，而且这项活动还不会打扰别人。我们建议孩子长时间不间断地工作，因为他的工作需要时间上的连续性，这也有助于培养专注力。延伸探索经过多次重复，就能达到完美。

6～9岁孩子的集体课程比起3～6岁孩子的要更多，因为这种集体课程对这一阶段的教学来说是最有效的形式。孩子对知识的学习就在讨论、交流、辩论中得到巩固和提升。孩子本能地喜欢扎堆，会想尽一切办法进入小群体。让他从个人的、社会的各个层面融入群体，这对他来说相当重要。

教师以一对一或小组的形式介绍新概念，然后孩子重复探索和练习，教师再介入、观察、指导，在需要的时候进行讲解。孩

子可以进行多种形式的工作，用或者不用教具开展阅读、研究、手工艺术、策划等活动。各个年龄段孩子搭配平衡的大集体能给予孩子更多的活力和更丰富的知识，因为每个孩子都能将自己的兴趣、选择、创意和天赋带给别人。

尊重和应用这些教育原则，可以给班级带来和谐与平衡。这样孩子就能更加独立，更加专注，学会合作、努力、坚持，变得更加自信、更加成熟。

从整体到局部的宇宙教育

“宇宙教育”这个术语有些陈旧或过时，不要忘了它已经年代久远。宇宙教育是将整个宇宙看成一个有序的系统。这种观点关系到孩子的逻辑思维能力和想象力的发展，但它只针对 6 ～ 12 岁的孩子，因为它只符合这个年龄阶段孩子的特征：

- 在感官之外，借助想象力来理解现实世界。
- 探索文化知识。
- 运用逻辑思维。
- 拥有信仰和道德。

宇宙教育是一种全面的学习，以从整体到局部的方式来让孩子深入理解知识，重点放在不同事物之间相互依存的关系上。宇宙教育通过“5 个故事大板块”的形式来进行。每个板块都有一个全面的视角，记录下孩子所想到、所喜欢和所称赞的，之后，孩子就可以细致地探索每个板块了。

这些板块要限制在一定范围内，因为我们要留有质疑、好奇和研究的空间。要知道，成年人并不是知识的唯一来源。

APPRENDS-MOI À FAIRE SEUL
关键词

5 个故事大板块

- 首先要讲的是宇宙故事。用话剧的形式，讲述宇宙中各个元素的形成，再搭配白板展示和讲解几个基础知识点的科学实验，帮助孩子了解每个元素都有一定的运行规则。这样，孩子自然就明白了空气、水、固体是怎么形成的。
- 介绍生命的产生要从植物、动物的出现开始，最后是人的出现。这个大板块要配有一个大的故事画卷。
- 人类能够产生是因为人类用脑思考，用手工作，拥有爱的能力。

- 文字是人类的一大发明，此后人类开始用符号来交流。
- 以数字的历史作为故事结尾。

这 5 个故事大板块，在孩子 6 岁时就要向他们全面展开，在整个小学阶段，这些内容要在不同时间、用完全不同的方式，帮助孩子反复加深理解。

通过这个方法，孩子就对人类历史有了一个正面的理解，这样孩子就会为自己成为人类社会中的一员而感到幸福。这种视角能帮助他在这个世界获得平衡感。但是我们并不需要回避世界不好的一面，这个年龄段的孩子需要区分好与坏。

回顾

蒙台梭利教室是指一个有准备、有秩序、能激发潜能且适应孩子个体发展节奏的环境。这个环境还能适应孩子的敏感期。

蒙台梭利教具的主要特点：

- 进行科学探索。
- 对不同概念进行分类。

◆ 锻炼感官能力。

◆ 适应孩子的大小和体力。

◆ 美观。

◆ 含有自我检查功能。

教育者的任务是观察、介绍教具，保持和谐的教学环境，陪伴孩子。为此，教育者要有耐心、无私、有吸引力，善于倾听与观察。

Apprends-Moi à Faire Seul

第 5 章

蒙台梭利教育在家：自信独立从家庭开始

APPRENDS-MOI À FAIRE SEUL

教育孩子，
我们能做到的
最好准备就是
认识自我。

在家庭中实践蒙台梭利教育法，首先要改变的是教育理念。比起教具来，理念更为重要。

| 建立孩子对我们的信任 |

蒙台梭利写道：

> 教育孩子，我们能做到的最好准备就是认识自我。培训教育者远不只教他们一些技巧，还要帮助他们塑造性格和进行精神层面的准备。

我们可以说教育者最主要的工作，就是重新进行自我教育，以此来改变教育孩子的理念，更好地为孩子服务。

蒙台梭利教育法的理念，可以概括为以下 4 点：相信孩子、尊重孩子、顺应孩子发展的规律，以及提供适宜的环境。

相信孩子

为了建立孩子对我们的信任，“相信”是我们能给予孩子最好的礼物。孩子会主动去吸收那些他们成长中所需的营养，所以请相信他们。蒙台梭利提倡让孩子在一个健康、丰富的环境中自由成长。

除了那些极其易碎的或容易造成危险的物品，其实没有必要将房间里的所有东西都束之高阁。最好能跟孩子解释每个东西有什么用处，他是否能用这些东西。如果能用，就用详细的动作给他展示怎么用，这也是蒙台梭利教师为孩子展示一个新教具时的方法，如图 5-1 所示。这样做，是为了让孩子了解在这个房间所应该遵守的纪律，并学会使用一些日常用品。这不仅体现了我们对孩子的信任，也会逐渐给孩子带来自信。

图 5-1　自己倒水

将孩子禁锢在一个没有危险的地方当然更让人放心，但是出了家门呢？这个世界没有哪里是完全没有危险的。限制孩子有时候确实是必要的，但不能成为一种惯性。将孩子放进笼子规避风险的同时，也会使他失去学习的机会。楼梯的安全栏也可以给孩子提供学习上下楼梯的机会。这个学习很必要，需要花一些时间，它就像我们在公园做游戏一样，轻松地就能开始学习。耐心地看着孩子一步一步地上台阶，不要让他发现你在时刻准备着保护他。

比起安置各种保护措施，如电源插口安全盒、低桌角保护套等，最好还是向孩子说明各种危险的可能性，告诉他怎样避免危险比较好。在信任孩子的同时，还要让他建立起安全意识。如果一个孩子总是不停地“翻山越岭”，爬到桌子上，那是孩子进入运动敏感期的表现。这时我们要观察他，而不是打断和约束他。我们可以看着他，不要阻止他进行这项“野心勃勃”的工程。他很相信自己，我们也该信任他。他正在超越自己。他超越了自己的极限，心里响着一个声音：“我能，我成功了，我喜欢攀登！”当孩子在攀登的时候，有多少焦急的家长摧毁了孩子的信心？他们总会警告孩子：“小心摔了！”尤其是用那种确切无疑的口气喊道：“你会摔下来的！”

当然，学习需要花费时间，但等待孩子的这些时间才是我们能给予孩子的最好礼物。给孩子时间，并不是跟在孩子屁股后面追逐他，更不是打开电视，用这种偷懒的方式来让孩子安静下来。我们要做的是抓住眼前的时光，全身心地投入到亲子关系的建设中。

父母的任务是保证孩子的安全。但有时候为了保证人身安全，我们破坏的是孩子内心的安全，而内心的安全其实更重要。尽管成人出于好意，也很努力，但有时候破坏孩子内心的安全会给孩子带来负面的影响。不允许运动、不允许冒险、不允许完成一项活动或不允许表达一个观点，这些都会给孩子带来心灵上的“创伤”，对孩子的健康成长是一种束缚，这些都是不尊重孩子的表现。这样做，是成人在表现自己高人一等，同时也是在毫不留情地摧毁孩子的自信。孩子感觉自己不如别人，很无能，就像很多父母总对孩子说的那句话一样：

“你只不过是一个孩子而已……”

我看过一个关于卡特琳·黛丝蒂薇拉（Catherine Destivelle）的纪录片，名字叫《巅峰之上》（*Au-delà des címes*），其中一句话特别震撼我。当被问到你怎样成为世界上最好的攀登者时，在巴黎长大的黛丝蒂薇拉说：“这一切得益于我所受的教育。家里人从不限制我，我的父母从来不说‘很危险，不要爬’之类的话。就这样，我从小就可以尝试做很多的事情，而大多数孩子却不能这样，因为他们的父母总说‘你太小了’，或者害怕他们做得不够好。”可以说是黛丝蒂薇拉的父母给予了她自信，这便是一个因信任孩子而教育成功的好例子。比起给孩子讲道理，不如让孩子学会为挑战自己而努力。

我们还需要了解孩子有发展运动技能的需求，并且要试着开发这种技能。如果孩子摔倒了，为什么不鼓励他并帮助他再来一次呢？总是信任孩子，永远不要跟他说“再也不能相信你”这种话，不然孩子就会失去所有进步的动力。不要指责他所犯的错误，更不要用“你不值得让我信任”或者“你这样做辜负了我对你的信任”这样的话来诋毁孩子。

同样，当孩子犯错时，要就事论事而不要跟他说“你不好”。说“你不好”和“你做的事很不好”引起的负面效果是不一样的。“你不好”只会将孩子置于一个糟糕的定位上，给他造成性格缺陷。总的来说，就是只能强调那些让我们不愉快的行为，而不能直接用人称代词“你”来批评孩子，因为针对人的辱骂更具有伤害性。

孩子特别喜欢模仿成人。如果我们给他一些事情让他忙活，也正好可以让我们自己得到休息，孩子就会迅速被这件事情吸引。第一天，他想洗餐具，第二天又想择菜，第三天他又想操作洗衣机，但是，他总是听到“别，别，你太小了”或者“等你长大了再干”，那么当真正需要他干的那一天到来时，毫无疑问，他再也不会想干这些了，因为敏感期已过，他不会再自发地想去学习这些技能。

给孩子提供和我们一起干活的机会，这样才能教会他自己去做这些，然后他就可以自己干了。当然，这要花时间。孩子可能会弄得很脏，可能还会将东西打碎，但是孩子身边并没有那么多能激发他自我建构的东西，所以要从小好好保护这种学习的欲望，而不是等他长大后。孩子喜欢身边的环境，他相信他会自己长大。要给孩子成功的机会，表达我们是多么以他为傲。孩子在幼儿时期容易产生自己低人一等的感觉，必须让孩子自主，帮他建立自尊、自信，不然的话，这样的自卑感会持续一生。孩子要感到被无条件地爱着，这样，他才会对自己有信心。

我们要有良好的自我感觉，要能够自我接纳，即使我们并不完美！孩子也应该意识到，每个人都不可能让所有的人都喜欢自己。

APPRENDS-MOI À FAIRE SEUL
大家说

努力和自信

帕特里夏·斯皮内利（Patricia Spinelli）

“努力”，这是蒙台梭利在谈到 15 个月到 3 岁这个儿童发展阶段时用到的术语。这个阶段的孩子喜欢搬重的或体积大的物体，喜欢不停地跑，似乎想跑遍所有的地方。他们喜欢做成年人很重视但他们自己又做不到的事情。“努力”就表现在他们竭尽全力还坚持不懈。多数情况下，周围的成年人会认为这件事情太重要，不能让孩子来做，或者孩子还太小，不能做。他们如果没有禁止孩子继续的话，则会焦急地跑过去帮助孩子。

我们应该明白，孩子自己的经验是通过全身心投入的努力而获得的，从自己开始到自己结束，这一切对于孩子未来的成长，对于塑造面对生活和挫折的积极态度无比重要。我们必须保护甚至激发孩子的探索活动，这些探索活动对于孩子身体发展的好处显而易见。比如他们在用力的同时还要尽量保持平衡，至于对心理方面的帮助，那就更重要了。

如果我们让孩子坚持自己完成，只在必要的时候给予适当的鼓励，且一定让他自己来，那么整个一生他都会相信，凭着自己的努力，有时只是些许的努力，就能赢得世界。他努力到适当程度就能达到期望，有时甚至超过期望。如果我们让孩子努力到最大程度，我们就是在培养他坚韧不拔的毅力。这就是孩子在 15 个月到 3 岁时努力的意义所在。

辅导孩子学习

帮助一个有学习障碍的孩子，最重要的是接受他的成绩。要知道这是他的成绩，而不是我们的。我们如果帮助孩子做作业，在他的学业中投入太多精力，就很难做到坦然接受他的成绩。关心孩子是好的，但不要超出限度，不能代替他做他的工作。如果家长能随时给孩子答疑解惑，孩子就会很欢喜。但是不要坐到孩子身边，从头到尾帮助他做作业，全程指导，甚至去翻孩子的书本。那样会让孩子逐渐依赖家长，不能独立自主地学习，也会挫败他的积极性。就像蒙台梭利所说的，应该在孩子需要的时候才及时出现，让孩子安心，但不要干涉太多，给孩子的成长造成阻碍。

当成绩出来的时候，应该由孩子告诉家长，反过来由家长告诉孩子就不可取。孩子已经知道结果，当他自己再宣布的时候，他可能就会从中明白更多。这是孩子的事情，应该由孩子宣布自己的劳动成果，父母无论如何也不能代表孩子去宣布。如果成绩好，孩子就会很高兴；如果成绩不好，他就会失望。我们也一样，要分享孩子的喜乐哀愁，但只能由他自己来承担接下来的一切。应该让孩子明白：学习是为了他自己，而不是为了讨好教师或家长。孩子是为了自己的未来而学习，他必须自己成长。

最理想的情况是孩子出于兴趣而学习，而不是为了好成绩，更不是为了取悦别人或获得奖励。不要让本来很自然的学习动机偏离了方向。所有的孩子都希望成功，如果我们为成功而庆祝或者给他太多奖励，他就不再会为自己而会为取悦别人而学，也不会再有由内而发的学习激情了。当然，对于完全失去学习动力的孩子，需要通过奖励来鼓励他，但也要尽可能地激发他为自己的进步而努力的动力。为自己学习，这是基本原则。如果真有智力或者方法上的障碍，孩子需要的是支持，而不是惩罚。孩子没有动力，是因为他感觉很失败，我们不应该责备他，而应该帮助他，陪伴他走向成功。但同时要注意，不要让他感觉无望。

要建立信心，也就是前几章说的自我修正和自我克制。如果一个教具中没有自我检查的功能，孩子出现错误的时候，我们就要帮助他，让他自己发现问题。应该通过问问题的方式，而不是直接指出错误所在。比方说，一个孩子写道："鸟儿飞走了。"这时就可以问他："几只鸟儿飞走了？"[①]这样能引导他思考。大部分情况下，孩子可以自己改正。这样做，好过直接跟他说："你又忘了变复数加's'！"甚至说："你总是忘记，你真是太粗心了！"相信孩子，就是给孩子成功的可能。

最好是突出孩子积极的一面，避免严厉的批评。要接纳孩子在面对他自己失败时的情绪，在鼓励中，孩子会找到进步的方向。由孩子自己来解决自己的问题，他就会将失败看作一个跳板，看作通往成功的必经之路。

帮助孩子融入集体

在每个人都可以自由选择的蒙台梭利教室，怎样让孩子融入集体呢？

这一点经常被质疑，但其实，不能想当然地认为将孩子限制在同一个房间，做着同样的事情，就能让他们更加融入集体。孩子容易被集体同化，而融入集体也有助于形成一个和谐统一的环境。在这个集体中，每个人都能顾及他人，每个人也都能意识到在自己与集体之间

① 法语中，此句中的"飞走"应该与主语"鸟儿"配合成为复数。——译者注

存在着个体独立性，每个人的行为都会对集体产生影响，以及自己需要融入集体和遵守规则。在蒙台梭利教室里，孩子会有很多机会自然地融入集体，因为这里是生活和交流的地方。

大致同龄的群体能进行更多的交流，因为这些孩子拥有同样的敏感期，经历同样的发展阶段，他们的需求都一样。没有考核和竞争的环境更能促进相互的合作，大的孩子会帮助小的孩子。每个教室里，每种教具只有一份，这样也能促进合作，因为孩子们要自己安排，要了解别人的工作，要学会等待和调整，这就给了他们观察和协商的机会。孩子参与打扫、准备甜点、灌溉植物等活动也会有利于他们融入集体。集体活动时间也要让孩子与同伴有更多的互动。从 6 岁起，孩子开始关注别人，成为社会中的新群体。这时候，我们就需要通过平静的谈话来解决他们之间偶尔的冲突，这样才能保持集体的凝聚力，这也是我们关于和平教育的一部分。

尊重孩子

要教育孩子跟陌生人讲礼貌，更要跟身边的人讲礼貌。为什么我们只是对陌生人有礼貌呢？请彬彬有礼地对待孩子。我们要努力给孩子做讲礼貌的榜样，这是教会孩子讲礼貌的最好方式。要尊重孩子，这样孩子就会尊重他自己，并学会去尊重别人和环境。

学习礼貌

当孩子犯了错，比如打碎了一个杯子时，常常会挨骂。我们总会责备孩子。为什么要因为这些谁都可能犯的错来责备他呢，何况还是对一个还不能很好地控制肢体动作的小孩子？在合适的年龄，我们可以教孩子清理的方法，让他像成年人一样给自己收拾残局。责备起不到任何作用，只能伤害孩子的自信心，让他感觉自己不如别人。孩子的确需要学习很多知识，但他并不比别人差。

蒙台梭利写道：

> 家长这种无意识的强权容易阻碍孩子人格的建构，造成孩子发育迟缓……当看到孩子碰到杯子时，家长就会惊慌不安地觉得杯子会被打碎，而如果是一个客人打碎了杯子，他便急忙跟客人说没什么大不了的，杯子不值什么钱……如此行事，孩子就会有低人一等的自卑感。

温柔地对待孩子很重要。我们对待客人并不苛刻，所以也不要对我们的孩子苛刻！我们要像对待尊贵的客人一样尊重孩子，因为当孩子感受到被尊重时，他才会懂得尊重别人。如果为自己对孩子发火而后悔，请毫不犹豫地请求孩子的原谅。我们并不是永远都是对的，可以通过道歉来表现这一点。法国教育家弗朗索瓦兹·多尔多说，沉默比暴力更可怕。跟孩子道歉并不会影响家长的威严，威严可以重新建立，但是要建立在以信任和尊重为基础的对话中。

抵制暴力

同样，我们打孩子，也是在表现自己高人一等，但是暴力丝毫体现不了家长的威信。如果客人将脚踩在你家不结实的椅子轴上，或者摇晃这把不结实的椅子，或者没有按照你期望的那么做，你会打他屁股吗？打孩子，就是告诉孩子“我们有权利打你的身体，我们不尊重你”。这样会让孩子不尊重自己，看不起自己。打孩子也是暴力的一种，即使它被当作一种交流或解决问题的方式。这样做会给孩子传递一个错误的信息：“爱，就是伤害，因为打你就是为你好。强者为了帮助弱者就可以打弱者。暴力很正常……”

很久以前，我们就有了禁止打成年人的规定，但孩子就应该低人一等，我们可以随便用打的方式来纠正他的错误吗？现在，已经有超过 15 个欧洲国家，还有新西兰等国，可以通过诉诸法律手段来解救那些遭受教育者暴力侵害的孩子。在法国，这也是个热门话题。这种暴力教育造成的阴影深深印刻在我们的心里，因为在我们小时候的那个时代，人们就觉得“打你是为你好”。在质疑教育暴力的同时，我们常常会追本溯源到自己曾经接受过的教育，这个话题从来就没有定论。

我们应该抵制建立在恐惧之上的权威，因为这样的权威会伤害孩子的自信和自尊，尤其是对年幼的孩子来说。

建立规矩

不用打屁股的方式来惩戒孩子，也并不是说可以让孩子为所欲为。孩子也是人，但他还不是个足够成熟的人，还不会进行理性选择。这时就需要父母的威严给他一定的限制，但这个威严，不是来自家长的恐吓和孩子对暴力的畏惧。

为什么不能取消家长制订的学习计划呢？孩子达不到目标，家长就要生气，但是孩子达不到目标常常是因为他并不接受这个强制的要求。为什么不用一个孩子自己制订的、更自然的学习计划呢？那样的话，孩子就能完成他的大部分计划，如果完不成，他就会很失落，但我们也不要责备和羞辱他。失望的情绪会促使他采取行动达到目标。孩子想重整旗鼓的时候，家长的一个惩罚就能让他立刻气馁。成年人不要掌控一切，应尽量少地介入，给予孩子更多的信任，尊重孩子自己的个性！

蒙台梭利在《家庭中的儿童》中写道：

我们应该要求自己去了解孩子的个性，这是作为一个教育者的先决条件，不管是对一个新生儿还是对一个大孩子，都要学会去认识并且尊重这个新生命的个性。

蒙台梭利教育法既不鼓励惩罚也不鼓励奖励，因为这两者都会给孩子带来无益的依赖心理。理想的方法是，与做错事的孩子谈话，倾听他的想法。但是，对于行为太过分的孩子，就要立一定的规矩。对于我而言，能够认可的惩罚就是暂时的隔离。要让孩子明白，如果在社会中不能做一个遵纪守法的好公民，他就会被隔离开来。这并不是要将他驱逐或者排挤在外，只是将他暂时隔离一段时间。不过，最好不要总是将孩子隔离在同一处，因为这样他就会将那里想象成监狱。那个地方尤其不能是他的房间，更不能是他的床，因为这样会导致他的睡眠紊乱。也没有必要将门关起来，让孩子离我们很远，不应该让他有一种孤独感、焦虑感。只要让孩子接受这个条件：如果遵守游戏规则就能玩，否则就不能。

如果没有事先告诉孩子什么能做、什么不能做，就不要随便训斥孩子，这不公平。游戏规则需要明确，应该提前给孩子做解释。

为了减少冲突，我们要养成提前跟孩子讲规则的习惯。从容、坚定地提前讲好，比起在最后 1 分钟给孩子列规则要容易执行得多。不然孩子接受不了规则，也不能执行规则，从而造成很大的混乱，最终让所有人都倒霉。举个例子：一个孩子在公园里玩游乐设施，在离开之前，他需要心理上有准备。家长最好在玩之前就跟他约定离开的时间，中途提醒他还可以玩多长时间。如果突然打断他，不停地催促他该走了，孩子就容易产生抗拒心理……谁没有过这样的经历呢？一个过渡阶段对于每个人都很重要，这样心理上才能做好应对变化的准备。

当孩子很失望的时候，一个好的解决办法就是给他一个选择。这样就能让孩子感觉自己能和成人一起做决定。不要操控他，而要让他和你一起做决定。比方说，在大冬天，我们不能让孩子完全随意地选择衣服，不可能让他在零下 10 摄氏度的时候穿短裤。但孩子常常想要穿不合时宜的衣服，如果拒绝他，他就会闹个没完。这时，我们可以给他两套衣服或者两种类型的衣服让他选择，避免让他失望。我们可以问他："你是想穿一条短裤加裤袜呢，还是一条裤子？你选吧。"这样的选择能提升孩子的自尊。

灵活引导

如果一个孩子特别爱捣乱，那是他在努力吸引别人的注意，使尽浑身解数来吸引大家的目光。对于他而言，负面的关注也比没有关注强。那么，我们为什么不多多关注他，让他的需求得到彻底的满足呢？比方说可以交给他一项任务，帮助他找到自己的价值。反之，责骂、羞辱他只能让他更加捣乱，更加缺乏责任心。

我床头有一本书，是法国儿科医生皮埃尔·勒穆瓦纳（Pierre Lemoine）的一本教育图书《爱的传递》（*Transmettre l' amour*），里面有一句我觉得很有用的箴言：当孩子为了吸引注意而捣乱的时候，什么也不要说，什么也不要做。对其有反应只会鼓励他的行为，让他产生想继续下去的欲望，因为这些行为达到了目的。如果对其一言不发，同时对孩子其他行为表现出积极反应，就会强化他的正面行为。我们应当明白，孩子这样做只是为了吸引注意，或者说是为了感受到关怀，这些都是为了得到爱的表现。千万不要为此而愤怒。

淘气的孩子往往会被有创造性的、能激发他潜能的活动所吸引。所以，应该让他所做的事更有吸引力，以此开发他的智力。因为只有在能够吸引他的注意力、有创造性的活动中，他才能保持专注。如果成年人想要安静，就需要和一个淘气的孩子进行博弈，至少，成年人要表现得像个成熟的人。成年人要控制住孩子的躁动，接纳孩子不好的状态，这样才能让那种状态消失。要接纳孩子，然后吸引他，让他参与感兴趣的活动，因为只有兴趣才会让他瞬间平静下来，所以要坚持不懈地激发他的兴趣点。但这种瞬间的平静，只能在孩子感受到被接纳和“情绪能量很饱满”的前提下才可以实现。作家、咨询师加里·查普曼（Gary Chapman）在他的书《孩子爱的语言》（*Langages d' amour des enfants*）中也阐述过这类观点。

接受孩子本来的样子

接受孩子本来的样子，就是要放下对孩子的幻想，放下对一个模范孩子的渴望和期待。我们面前的孩子是活生生的，他就是他自己。接受他，也就是帮助他接受自己；给他尊重，就是为了让他获得自尊。要让他了解自我，这才是爱他。无条件的爱就是让他得到全面而充分的发展。

感受到自己值得尊重的孩子，才会去考虑别人的需要。他会在群体中找到自己的位置，同时也会给别人留下位置。这是实现和平教育的基本要求。蒙台梭利在她的《教育与和平》（*L' Éducation et la Paix*）和《教育，为了新的世界》（*L'Éducation pour un monde nouveau*）中阐述过这些观点，从书名便可一目了然。教育者在陪伴孩子成长的过程中，应该给他树立一个榜样。和平教育是需要从小开始，在成长的每个阶段都要学习的一门生活艺术。孩子与成人之间、兄弟姐妹之间、同学之间的和平相处，是国家之间实现和平的基础。我们从小就要学习接受别人，了解别人的权利，这是宽容的基础。要懂得我们都值得被尊重，懂得我们是既相似又不同的。让我们一起创造一个充满爱和包容的环境吧。

现实与想象

孩子的吸收性心智在吸纳了各种各样的内容后，会很难分清内容的真假，也很难分清哪些是现实的，哪些是想象的。但是，分清现实与想象是孩子健康成长必不可少的条件。孩子渴望能真实且深刻地感知世界，我们需要等到他一切发展得足够成熟后，才可以给他讲虚构的故事。

人类的文化中有太多的虚构故事，我们总是给孩子讲这些成年人编出来的故事。当然，孩子也会自己编故事，也很喜欢这些虚构故事，那是因为他已经完全沉浸在一个虚构的世界当中了。不过，我们给孩子呈现了无数神秘绚烂的幻境，孩子骨子里却是喜欢现实世界的。

其实，孩子在很小的时候就会对细微的事物感兴趣，而虚构的世界会让他们在未来容易沉迷于幻境，所以让孩子多接触真实的世界吧！我们看到很多孩子确实很难区分现实和想象，那些真真假假会给他们造成认知障碍，甚至使他们分不清什么是真正发生的，什么是在想象中发生的。

最初，我们要选择那些真实描述现实世界的故事和图书，里面有具体而真实的日常生活场景。最好主人公也是真实的人，而不是一些拟人化的动物。其实，有很多很棒的书是介绍真实自然环境中的动物的。当孩子已经能很好地融入现实世界时，他就可以涉猎一些儿童文学中普遍存在的拟人化角色了。

然后，一旦孩子真正地了解了这个现实世界，他就可以不带恐惧地欣赏鬼神传说了。这些都是人类文化遗产中重要的一部分，但这些传说本来就不是给孩子写的，它们常常很吓人，还容易让人做噩梦。

同样，我们可以自问是否有必要相信圣诞老人和牙仙女[①]……当然，这些传说孩子喜欢，成人更喜欢，但是如果我们跟孩子保证说这些故事是真的，我们就是在跟他们撒谎。这一切有时是为了获得梦幻般的美感，有时是为了取乐，但到底是谁开心了呢？当然是那些骗别人相信的人。孩子根本没有从这个过程中得到乐趣，相反，这些反而造成了他对真实世界的认知混乱。当某天梦醒，知道这一切只是个传说时，孩子会很容易感到失望。他希望相信，甚至会为了继续相信下去而自己骗自己。这并不是说，没有圣诞老人这个事实会给孩子造成麻烦，而是让他放弃曾经相信过的一切会让他伤心。孩子不再相信他

---

① “牙仙女”来自一个很流行的西方民间传说。传说孩子掉了乳牙后，只要在睡前将乳牙置于枕旁，就会得到牙仙女送的礼物。——译者注

对世界的认知，因为从此以后，可能有很多东西看起来很真，但实际上是假的。

孩子也会有被成人背叛的感觉，他发现成年人只是戴着真诚的面具在给他讲故事。他感觉自己是谎言的受害者，即使这个谎言永远不会被揭穿。为什么不在真实的场景中，给孩子讲讲风俗习惯呢，就像讲述美丽的童话故事一样？比如讲讲在圣诞节互送礼物的习俗，和第一颗牙齿会掉的故事。但是不要忘了解释，牙齿只是在一定的年龄才会掉，这样孩子就不会担心了。

帮助孩子去认知真实世界，不阻碍他了解真相，这一切关乎我们是否尊重孩子。请想象下，如果让你居住在一个陌生的国度，对当地的文化也全然陌生，那里的人们却教给你并不正确的语言，你会做何感想？

尊重孩子，也就是不要欺骗孩子。

积极交流

尊重孩子，就是要更好地和他交流，倾听他的想法，这样也能够让他倾听你，要做到这些，就需要提高我们的感觉能力和情绪的表达能力。忽略一个人的感受，会降低他的自尊心。所有的感受都是可以接受的，只有某些行为不可接受。当我们批评孩子让人讨厌的行为时，最好只是描述这种行为本身，而不是批评他本人。比如，可以说“你这样把早餐放在桌子上让我很不舒服”，而不是“你真夸张！你把所有东西都盛在餐桌的盘子里，你这么邋遢还一点儿都不难为情！”我们要帮助孩子完善他的行为，但不要伤及他的自尊心。

蒙台梭利在《家庭中的儿童》中写道：

> 我们应该帮助孩子改正他的不足，但不要让他发现自己有这些弱点。

因为这是孩子的问题，所以要帮助他讲出自己的感受，这样才能让他自己找到解决的方法。托马斯·戈登（Thomas Gordon）在《父母效能训练手册》（*Parent Effectiveness Training*）一书中介绍了一种很有效的倾听方法，能帮助孩子和家长不加评判、不加演绎、不加误解地进行交流，其中也讲了怎样解决家庭冲突。

APPRENDS-MOI À FAIRE SEUL

大 家 说

托马斯·戈登式的有效倾听

德尔菲安·德勒古（Delphine Delecourt）

为什么要学习如何进行交流？因为想要做到自然地交流，从来都不是那么容易的。我们常常在交流中遭遇误解、尴尬、伤心以及愤怒。

但是，我们不能指望别人来理解我们遇到的所有困难，同样，也不要因为自己不能完全理解别人而有负罪感，我们可以在这方面通过训练提高自己。戈登还建议重新开始家庭对话，以此来营造一种彼此互相信任的家庭氛围。交流中，双方的态度都很重要。交流，就是为了让别人说而听，为了让别人听而说。

交流，最重要的是听听孩子说什么

比如，当我的孩子说他不想去参加星期三的活动课时，我最先要做的是倾听，而不是立即开始我的碎碎念：“你注册了一学年的活动课呢……”事实上，在有效倾听中很重要的一点是，要发现在孩子抗拒和沉默的背后，是内心的不满足，还是有害怕、伤心、生气等情绪的存在。

倾听孩子，就是接纳他的需求和感受。这样能帮助他度过难过的阶段，厘清头绪，然后自己解决问题。这样的方式，能让他独立和获得自信。

怎样倾听，孩子才愿意向“我”倾诉

歌德曾说：“说是一种需求，而倾听是一门艺术。”

倾听需要三个“心”：

- **用心**。停下手中的活儿，听孩子倾诉。高质量的倾听中，要有目光的交流，以及配合孩子的同步肢体动作。
- **接纳心**。接受孩子有和“我”不同的感受及需求，这样孩子就能完全相信“我”，并向“我”倾诉一切。
- **同理心**。“我”能察觉到孩子的处境，真切地体会他的感受。

倾听分为两步。第一步，听孩子说，然后复述他的话。比如“你跟我说……”“你觉得……”第二步，讲出孩子的经历和感受。“我”的讲述就像一面镜子，能让孩子从中反观自己。这样做的时候其实有点儿冒险，因为当“我”讲述的时候，有一部分是“我”自己的理解。幸好是在“我”营造的这种充满信任的氛围中，“我”才敢表达自己的理解。其他的孩子就不一定能接受了。孩子肯定了“我”的理解，然后会更加详细地描述他自己的想法。比如，“我”说：“对你来说重要的是……”“你感觉到的是……”“你印象中的是……”孩子回答：“是的，就是这样，更确切地说……”“不是，我更加……我感到的是……”

倾听的意义

倾听，是在重新认识孩子，也是在重新认识这个独立的、有责任心的人。要允许孩子表达自己、按照自己的意愿生活，尊重他的需求和感受。即使“我”不能明白孩子所有的问题，但“我”也会接纳他的感受。孩子被倾听，得到鼓励，就能将自己的伤痛说出来。这样的倾听给予孩子信任感，也增强了他的自尊心。孩子会发现有人懂他，关怀他。倾听，也就是让孩子看清楚自己的困境，甚至能够让他自己解决问题，这会让他感到更独立、更有责任感。

倾听，就是在孩子身边陪伴他，帮助他，爱他。

交流，也是向孩子倾诉。

为什么总拿孩子来说事？“你总是迟到！”“你从来不整理

房间！”“你从来不听我讲！”……这些“你”像锋利的刀子一样，能伤害到孩子。事实上，当“我”这样说的时候，孩子已经感觉到句句都伤到了他的自尊心，他难以回应。孩子可能会顺从，也可能会反抗，但再也不会感觉到自由和信任了。

拿“我”说事，让孩子听

拿“我”说事，分四步：

- 第一步，讲述这种让“我”不愉快的行为，因为孩子常常不知道什么样的行为会让父母生气。
- 第二步，讲述这种行为给“我”带来了哪些明确而具体的影响，让“我”什么样的需求得不到满足，或者破坏了什么样的规则。
- 第三步，不带评判和演绎地表达“我”的感受，要让孩子知道“我”的需要。
- 在说完“我”之后，仔细倾听孩子的反应。

拿“我”说事的意义

拿“我”说事会令父母的管教更有效果。要表达自己，在不带来伤害的前提下让别人懂自己，克制而不是一味地自我保护和自我辩解。提到“我”，家长就表达了自己的需求和情绪。家长要敢于自我暴露，向孩子揭开自己脆弱的一面，这就能增强孩子的自信，同时增强他对父母的信任。孩子也能从中意识到自己的问题，并主动改变。

意识到自己倾听和说话的方式也很重要，这样能避免误解造成交流的瞬间崩溃。倾听别人，也向别人倾诉，是家中每个人一生要修行的功课。

| 与不同年龄段孩子的相处之道 |

与胎儿相处

孩子在妈妈腹中时就已经很敏感了，他总能觉察到妈妈的紧张和惬意。孩子和妈妈一直拥有这种亲密无间的关系，母子的感官有着相同的反应。胎儿对声音、灯光的变幻很敏感，好像不太能闻到气味，但是对触摸的反应很大。他能感知腹部是紧张的还是放松的，还能感觉到放在腹部上面的手。胎儿还能感觉到我们对他的喜爱，他需要这种温暖的关注和爱，来帮助他在母胎中宁静地成长。渐渐地，这个小不点儿已经在妈妈身体里跟外界互动了。他还在子宫中，却已经和周围的环境，尤其是和他的父母有了千丝万缕的联系。他和妈妈的关系最明显，但这种关系的紧密程度取决于妈妈的用心程度，孩子的良好发展是保证这些关系质量的条件。肢体疗法可能是一个很不错的增进亲子关系的方法。

肢体疗法是一种“爱的科学”，这种疗法就是父母借抚摸这种具体的方法来与孩子产生联结。对新生儿的肢体疗法，能促进父母与孩子之间形成一种非强制的良性关系，帮助父母引导、陪伴、支持孩子。这个方法是荷兰生物科学研究者弗兰斯·维尔德曼（Frans Veldman）创造的，他在《肢体疗法，爱的科学》（*Haptonomie, Science de l'affectivité*）一书中有过介绍。

肢体疗法不仅能为顺利生产宝宝做准备，也能在怀孕期间增进胎儿和父母的关系。父母做过肢体疗法的孩子常常有更强的可塑性，他们心态开放，和别人关系融洽。他们好奇心强而且努力向前，喜欢接受周围的一切事物。这种自信和从容，让他们内心平和，适应力更强。

APPRENDS-MOI À FAIRE SEUL

大 家 说

肢体疗法：爱的科学

摘自肢体疗法国际研究和发展中心

产前、产后的肢体疗法有助于孩子与父母之间亲密关系的发展，让孩子在母胎中就感受到温柔的爱。

肢体疗法也能帮助迎接和安抚新生命的到来。从一出生，孩子就开始建立安全感，肢体疗法有助于孩子未来变得自立、自信和善于交流。

父亲、母亲和孩子之间这种最初的关系，实质上有益于培养为人父母的责任感。父母由此开始用心抚育孩子，给予孩子满满的爱。在出生前，父母就让孩子在这个关系中采取主动，这样一来，就已经帮助孩子建立了通向自主教育的基础。

家长要学习怎样温柔地用让孩子能感受到爱的方式来与孩子交流。这种交流方式要求父母双方合作。随着胎儿逐渐长大，肢体疗法的次数也要逐渐增多，以适应孕期每个阶段胎儿的发展。这样在出生前就给孩子营造了一个爱的氛围，他有个体的自由，也有安全感，这些都是未来成长的基础。

产前肢体疗法并不是一种技术，也不只是一些手法。它是为孩子出生而做的准备。无论孩子是尚在母胎中还是已经出生，父母都要陪伴他，引导他。即使这个疗法可缩短至生产阶段，父母产前关怀胎儿也能帮助分娩过程更顺利。事实上，肢体疗法需要整个人的全心投入，孩子能通过充满爱的身体接触来全面感受父母充沛的情感。这种身体状态并不是通过一种技术或一些练习就能达到的，而是在充满爱和安全的关系中获得的身体解放的效果。

在孩子出生后，不能切断他和父母的亲密关系。如果这种亲密关系被切断，就会给宝宝造成心理创伤。出生后，要用特殊的方式照料宝宝。多次产后理疗是比较理想的方法，每次还都要适应孩子成长的阶段。第一次最好是在孩子出生后的前两周内。孩子意识到自己的身体，就能在这个新的世界建立安全感。最后一次是在学会走路的时候，这时孩子已经自己拓宽了活动的领域。

父亲在母亲产前和产后的陪伴基于三个方面：

- 在父亲、母亲、孩子这个三角关系中，只要父亲及时扮演好他的角色，承担他的职责，三方就能在这个爱的关系中得到满足。
- 父亲要在整个怀孕和生产阶段都陪伴着母亲。
- 孩子出生的时候，父亲主要负责迎接孩子来到新的世界，如果因为特殊原因父亲不在，就需要有一个和母亲很亲近的人来代替这个角色。

早期的肢体疗法可以让妈妈更早感受孩子在体内的活动。可以在怀孕 4 个月时就开始这个项目，最晚也要在怀孕 6 个月末之前开始。开始得晚了，就没有往下进行的必要了，也没有早些开始时那么容易达到和谐状态。

与新生儿相处

对于婴儿，出生意味着一种骤变。我们总是关注生产时的妈妈，殊不知婴儿也面临着很大的挑战。他的生活环境改变了，生存状态也改变了。这是一个艰难地经过产道而来的新生命。我们该做的是尽可能让婴儿平稳地度过这个冲击阶段。

在生产的时候，父母可以关注孩子，关注他所经历和可能承受的痛苦，至少也能关注他做出的努力。这样不仅有益于孩子，让孩子感知到这种心理上的陪伴，妈妈也能将注意力从自己身上转移开，以减轻痛苦。关于这一点，我可以证实，因为我自己经历过。

孩子出生后，对父母热切的迎接很敏感。最好不要着急剪断脐带，而是将新生儿紧挨着妈妈的皮肤，放在妈妈的心脏位置，用妈妈的爱包围着他。新生儿有吮吸的条件反射动作。如果妈妈有体力喂他，最好立即将婴儿放在妈妈的胸口。

温柔的动作能够减轻这个冲击所带来的影响。我们可以准备一个安静的环境，没有刺激的光和噪声。孩子在什么地方出生很重要，我们需要专门给孩子一些时间，让他适应这个转变，比如在两个房间中加上一个小屋子做连接，或者在两个大气层间准备一间减压室，希望孩子不要为这个冲击而承受太多压力。初生被看作孩子和父母最私密的时刻，肢体疗法对此也多有研究。从孩子出生起，妈妈不要想着呼吸或者其他的一些事情，而是全身心地投入到眼下已经拥有的亲子关系中，感受这个由一个男人、一个女人和一个孩子组建的新关系。

生产时，母子亲密关系的延续对孩子的未来很有益。在经过这个彻底的转变后，孩子能闻到妈妈的气味，听出妈妈的声音和心跳，感受到妈妈的皮肤，他心里也就踏实了。在最初时刻获得的温暖抚摸和奶水，能给予孩子面对新生活的信心。母子关系，这个在出生前就很紧密的关系，从孩子出生起又重新开始建立。出生即身体的分离，它也意味着一种新的联结，这种联结更多是精神层面上的。这个联结给予了孩子安全感。

与 0 ～ 3 岁孩子相处

在最初几年，尤其是最初几个月，舒适的体验和环境能给孩子带来安全感。这是他对未来建立信心的基础，还能给他树立一个坚实的心理丰碑。因为有安全感，孩子才能主动与他周围的环境和谐相处，感受到这个世界的美好幸福，他也才能成为一个拥有美好幸福的人。最初教育的质量极其重要，它直接决定这个孩子的一生。我们越呵护孩子的精神世界，他未来的心态就越好。孩子只有很好地融入周围环境，尤其是能与他的父母和谐相处，才能在这种安宁状态下健康茁壮地成长。

与这么小的孩子交流，方法是关键。要尽量多和他温和地说话。给他换尿布和进行母乳喂养的时候，都是很好的交流机会。亲密温和的身体接触是在吃饱喝足之后，宝宝和妈妈最天然的交流方式。母乳喂养的确是增进母子感情的一个奇妙时刻。为此，妈妈要专注于宝宝，注视着他的一举一动，用一个舒服的、宝宝容易吞咽的姿势抱着他。不只是头部，宝宝的身体也要向着妈妈。母乳能促进宝宝身体健康地成长，是帮助他长远发展的最好食物，这些功效自然不用说，而喂养时和孩子的互动也是非常重要的。

奶粉喂养对于增进亲子关系的质量也可以很有效。奶粉喂养可以由妈妈以外的人来做，比如爸爸或者其他人。如果这个人经常更换，孩子就不会太排斥妈妈以外的人，但母子关系也不会那么紧密。洗澡、按摩、爱抚、换尿布、清理、哄睡、吃饭、喂小点心……这些都是孩子和身边的人增进感情的机会。孩子在生命中最初几个月对世界的信任感，是他一生的基础，能让他的未来乐观、积极、有安全感。

3 岁的时候，孩子通过一点一滴的成长逐渐走向自立，父母最好能够陪伴着他一起经历这些过程。开始坐稳、盯着东西看、坐下、抓东西、放下、往嘴里塞吃的、摆弄东西、挺直腰板、站起来、走路、跑、跳、用手指东西、说话……成年人观察到的越多，就越能意识到孩子的这些变化，而适应当前的需要就能促进孩子的发展。比如，给婴儿床上的孩子提供开发视力所需要的移动玩具，或者给还站不稳的孩子提供稳定可靠的支撑。

APPRENDS-MOI À FAIRE SEUL

大 家 说

捕捉敏感期

认识孩子经历的敏感期是非常重要的。

秩序敏感期。我们已经谈过，孩子在面对如此丰富多样的新鲜事物时，是多么需要一个井井有条的秩序环境。

感官敏感期。婴儿期是各种感官开始全面启动的时期。如果婴儿能很好地区分出白色和黑色来，最好就给他展示一些黑白对比强烈的简单图片，并给他一些时间集中注意力去看。直到 7 个月大，婴儿才能分辨其他颜色。蒙台梭利教育法特别强调可移动玩具对于婴儿的重要性，还有练习抓握能力的小玩具，比如说带铃铛和饰带的圆环。

语言敏感期。多和婴儿说话，给予他足够的关怀，跟他说说我们正在为他做的事情："我给你好喝的牛奶……我要给你换衣服了，我要给你洗澡了……"关键是从婴儿还在襁褓中开始，就要多和他讲话。妈妈给孩子讲的语言，称为婴儿语，这是一种有乐感的语言，通常用尖细的声音来引起婴儿的注意。婴儿能够极快地吸收这种语言当中的乐调，在妈妈说话之前，他就开始哼唱。他还没说出一个字，就已经可以哼出有乐感的句子了。妈妈通过猜测婴儿牙牙学语的意思来回应他，这就是真正的交流。在孩子 0 ～ 5 岁间，妈妈说过的话至少能够重复一次，这种重复能让孩子更好地掌握语言。

在语言敏感期，最好不要无理由地要求孩子安静。相反，应该让他多说、多读，讲故事、描述、评论画面、唱歌等都是比较好的方式。要多使用精确和细致的词语，也不要怕用复杂的词给物品命名。要让孩子表达情感，利用更多的机会来帮他提高语言能力。这些活动要从孩子很小的时候就开始，孩子的理解力比我们想象的要强得多。

运动敏感期。尽可能促进孩子运动机能的自然发展。比如说，让孩子自己坐下而不要去帮助他坐下。提供一个安全舒适的场地，给孩子穿上行动方便的衣服，对他的运动发展也很有利。当将近 7 个月大的孩子开始自己坐下时，可以给他一个 U 形的靠垫或喂奶用的靠垫，这样他坐下时就有了依靠。最好给这个月龄的孩子提供一个帆布躺椅，因为这样立起来比躺下能更好地观察周围的环境，也方便运动。孩子有可能自己运动，并且坚持到最后，他通过完成这一项项自己安排的任务，不断提高挑战的高度来获得发展。当孩子发现他的行动有可能对身边的事物产生影响时，就能增强独立感和自信心。

与 3 ～ 6 岁孩子相处

从婴儿期到幼儿期，希望孩子不要养成依赖父母陪伴的习惯，要逐渐让孩子独立起来。孩子希望而且也需要独自行动，独自开展他自发选择的小活动。不要认为这是任性，也不要跟孩子说他还太小。孩子需要去探索一切。我们的角色是尽可能多地在理性的范围内满足孩子成长的需求和生命的冲动，鼓励他开展自己选择的活动和游戏。相比于玩具，孩子更容易被真正的工作所吸引。要允许孩子像我们一样自己照顾自己，千万不要什么都代替他做。要注意观察孩子，这样能够让我们在行动之前先冷静思考。能够容忍他偶尔的吵闹和不安分，满足他对互动和冒险的需求，是我们给予孩子最好的礼物。记住孩子要经历的敏感期，给他的敏感期提供一个有利的环境。

孩子需要秩序，我们和他一起整理，他就会形成将东西放回原位的习惯，此后这便成为一种条件反射。在蒙台梭利教育环境当中，在上一个教具没有被放置回原位的时候，就不能进行下一项活动。孩子喜欢秩序，需要在一个有秩序的环境中自然养成习惯，然而这种学习需要花一些时间。但是不要忘记，通过外在的秩序帮助建立内在的秩序，孩子才能形成思考的逻辑性。孩子要在充满爱的环境而不是恐惧中学习知识。最好的办法就是父母以身作则，开始和孩子一起整理。不要觉得整理是件讨厌的事情，而是将它看作生活中不可或缺的一部分。整理好自己的物品，照顾好自己，这样才会增添幸福感，孩子也会以此为豪。

与 6 ～ 12 岁孩子相处

对于 6 ～ 12 岁的孩子，我们应该准备适合这个年龄阶段孩子特点的环境，帮助他建立责任感，实现独立自主。我们还要维护好这个环境，以使它能够随时被利用。孩子需要一个有序的地方，可以在这里将他们的物品、衣服、玩具等分类放置。还要有一个图书角，因为图书对于这个年龄段的孩子很重要。最好也能让孩子常常去当地的书店和图书馆。也可以使用科学仪器，建造一具木乃伊或挖掘一具恐龙化石，这些游戏可以培养孩子的好奇心和开放的心态，不过最好同时限制孩子玩电脑游戏、上网和看电视的时间。但可以让孩子多看纪录片、好的电影和有趣的节目。对孩子的限制需要设置明确，清晰易懂。

我们也应该多让孩子接触外面的世界，鼓励他独自出去购物，获得信息，或者接手一个已经开始的项目。我们在开始的时候可以陪着孩子，然后慢慢地放手，让他逐渐独立。也可以让孩子和一个或者一群朋友出去。组织一些活动，让孩子能够在轻松的娱乐和日常生活中达到平衡。

这个年龄阶段的孩子需要来自社会的营养，要鼓励他开展发自兴趣的手工艺术活动和运动项目。

参与家里的日常生活也是学习社交的机会。孩子可以通过参与做饭、购物、清洁和维修家具来培养责任感，能参与垃圾分类就更理想了。

| 提供适宜的家庭环境 |

在所有的年龄阶段，都要在家中布置一个适宜孩子发展的环境，这个环境的关键词是：美观、安全、秩序、方便。条件允许的话，最好通过可移动的家具腾出更多的空间。

从出生起，我们可以给孩子提供一张襁褓似的小床，被包裹在其中能让孩子感觉自己像在妈妈的肚子里蜷缩着。往后，为了孩子活动方便，蒙台梭利建议用一个方形床，让孩子能够在上面自己选择睡觉姿势，尤其是能够自己安全地上下床，而不是一直待在床的栏杆里边。理想的椅子是可以随着孩子的身高而调整的，让孩子总能找到一个舒服的坐姿，脚可以着地，不必在空中晃荡。

在厨房和浴室的洗涤池前配上踩脚凳，这样孩子就可以够得着灶台和洗涤池了。还要在门口放一个方便孩子穿脱鞋子的小凳子。

在孩子的房间，安装他可以够得着的装饰画、镜子、衣架、衣橱和书架。最好将玩具放在盒子里，而不是大箱子里，放在箱子里会让玩具乱七八糟地混在一起，放在盒子里，就可以通过照片、图画或贴纸将其区分开来。不要一下子将所有玩具全部展示在孩子面前，轮着拿出来，才能保持他对玩具的兴趣。当然，要拿出孩子当下感兴趣的玩具。

找一个角落给孩子做艺术活动，注意蘸着颜料的毛笔不要掉下来，要做到万无一失。不过重要的还是要教孩子怎样将东西收拾好或洗干净，用完之后把工具保存好。这可以作为第一次学习的内容。

我们还要给孩子准备一个干家务的小型工具，如果空间允许的话，可以多准备几个。用同样的方法，让孩子学会自立，打扫自己弄脏的地方，学习自己铺床、叠衣服、选衣服、判定衣服脏了没有……

为孩子留出位置

不需要过分强调日常生活的训练，这些只是为了培养孩子的专注力和组织能力，增强孩子的自信心，孩子感觉自己独立了，就会为此感到自豪。孩子也要在厨房有自己的位置。他可以帮忙切香蕉、递擦桌子的海绵布、清空洗碗机等，父母可以利用这些机会给孩子展示具体的操作方法。父母可以向孩子连续展示分解动作，这样孩子才能掌握具体的操作步骤。

在浴室也是一样，有很多知识可以教给孩子，比如开关水龙头、将牙膏挤到牙刷上、刷牙和清洁水池……教这些必然要花时间，但这都是很有益的。我们和孩子的节奏不一样，所以需要用很多耐心来教他。最好多预设一些时间，不要让孩子因为时间太少而有压力。孩子将学会自己洗漱、自己梳头。在洗漱间应留有一角给女孩放置梳子、护发素、发卡、皮筋等。

孩子的衣服也应该随着孩子的成长不断更换，有的衣服会限制孩子的肢体伸展。尽量给孩子穿一些舒服的、适合运动的衣服，避免在女孩会走路前给她穿裙子，会走路后穿背带裤时要避免衣服或裤子上有不好解开的纽扣，也要避免给太小的孩子穿系鞋带的鞋子。但是，这不是说孩子不能学习系鞋带。孩子可以在一件衣服模型或者没有穿的衣服上学习打结、解扣子、系扣子、按扣子和拉拉链。这种在穿衣之外的专项练习将给予孩子很多信心，提高他的自理能力，而且还很有趣。到某一个阶段，孩子就可以学习系皮带了。随着孩子长大，他的穿戴也会变得愈加复杂。当孩子掌握了系鞋带的方法后，我们就可以给他穿有鞋带的鞋子了。

让孩子自己吃饭

孩子知道自己是否饿了，他会根据自己的胃口来吃饭。强制孩子吃完不是他自己选择的饭量并不合适。最好按照孩子的胃口来给他提供食物，或者让他自己选择。如果处理不当，将剩下的食物都扔掉就太浪费了，应该每次按照小分量多喂几次，以免浪费掉吃不完的那部分。强迫孩子吃掉所有的食物，难道不是在复制我们儿时的经历吗？吃不吃完食物并不是一个道德问题，这种情况在一个饭都吃不饱的国家可能很严重，但在一般的国家并非如此。长期让孩子吃完所有的食物，会让孩子失去随着自己的食量大小吃饭的条件反射，给体重和健康埋下隐患。

重要的是孩子能感觉到自己饱了。喝奶也是一样，为什么非要让这样一个年龄段的健康孩子喝完那么多的奶呢？尊重孩子的食量，就像尊重我们自己一样，不要将本该是交流感情的晚餐时光变得痛苦不堪，孩子不懈的抗争有时候都成了彼此的一种折磨。我曾经听说过一个孩子吃不完饭，家长就捏住他的鼻子强迫他张嘴吃下去的故事。不要这样做！希望不要将饭桌变成战场，不然这顿饭就会在成人和孩子的焦虑中结束。

也不要将孩子当成“人质”，威胁他说“没吃完就不要动”。为什么孩子有时候吃少一点家长就这么焦虑呢？孩子的胃口总有大或者小的时候，我们的胃口也是一样，有时候甚至变化很大。尊重孩子的胃口吧！我们要注意饮食体验给孩子造成的影响，很多有饮食障碍的人都是因为吃饭令他们觉得痛苦。所以，让吃饭变得快乐一些吧！

然而，我们还是希望孩子可以尝尝所有给他准备的食物。我们可以告诉他："你有不喜欢的权利，但是没有拒绝尝试的权利，因为在没有尝试之前，就不能判断是不是爱吃。"我们也可以跟孩子解释说，尝试得越多，就越可能会喜欢上，随着年龄的增长，也可能会越来越喜欢这个味道。

请尊重孩子的口味。想象一下，我们能强迫一个客人在家里吃某种食物吗？如果想让孩子喜欢盘子中的各种食物，就不能强迫他，而是要想办法吸引他，尤其还要注意他吃饭的节奏。

吃饭是一个家庭成员相聚的机会，就像喂奶是母子身体亲密接触的机会一样。成年人在喂养孩子的时候就和孩子有了交流，这种交流会像奶水一样滋养孩子。小不点儿需要有个人总在他的身边。随着孩子渐渐长大，他会更加喜欢吃饭的时候与其他家庭成员互动。我们也可以让孩子参与做饭，他会像喜欢吃饭一样爱上做饭的。

当孩子表现出想自己吃饭的愿望时，应该允许他这么做。我们常常不让孩子自己吃饭，是因为他会弄得很脏，而且要花很长时间才能吃完。但是如果孩子有独自吃饭的意愿，最好答应他。那些在小的时候不被成人允许自己吃饭的孩子，长大后常常不愿意自己吃饭，甚至到了 3 岁还要人一口一口地喂！有很多技巧可以帮助孩子自己吃饭的时候不会弄得太脏，比如保护好地板和桌子，给孩子戴上围嘴和袖套，放一个盆接住掉下来的食物，将装有孩子食物的小碟放在大的盘子中，有的盘子还带有吸盘呢。为了节省时间，我们可以用两把勺子，一把给孩子自己用，一把给成人用来喂孩子吃饭。吃完饭后，记得给孩子洗个脸。如果我们了解学习自己吃饭这个过程对于培养孩子的独立性和自信心很有必要，那么这点儿麻烦又算得了什么呢？

| 与孩子交流要掌握分寸 |

在孩子健康、自由的成长过程中，我们不仅需要陪伴他，还需要掌握一些分寸。

环境：让孩子了解家规

我们的生活环境决定了我们的行为习惯，行为习惯也与个人生活的国家和所处的时代息息相关。比如在法国，文明用语是“你好”“谢谢”“请”，别人说话的时候不能打断，等等。

在家庭中，我们也有一些特定的习惯。有的家庭总在固定的时间睡觉，还有的家庭一天吃好几顿饭，有的家庭早上洗澡，有的家庭晚上泡澡……家庭的习惯也会成为孩子的习惯，当孩子离开家的时候，就会发现原来不同的家庭都有不同的生活习惯。

我们要让孩子清楚地了解家规，通过一种温和而坚定的态度，让孩子对这些规矩有正面的印象。

家长：承认自己也会犯错

为了能够帮助孩子在自由的环境中成长，家长也要打理好自己的生活。换句话说，家长也要给自己自由。为此，我们要向孩子倾诉，让孩子知道我们的需要。孩子能够很好地理解我们，知道我们也会疲惫、生病、生气等，知道我们也有扛不住的时候。不要让我们的坏情绪吓坏孩子，但要真实地呈现自己，跟孩子解释我们的需要和感受，要让孩子知道我们也不是完美的，也不是始终坚不可摧的。

我们并不需要在孩子面前扮演圣母一样的角色，完全可以在一个教育问题上和其他家庭成员争执不下，并让孩子知道这一切。我们可以向孩子解释这些矛盾。为什么成年人之间必须一团和气呢？这其实是个假象，这个假象更可怕的地方在于，它在允许我们跟孩子撒谎。

同样，我们也可以允许自己改变主意，不一定非要死死地坚持自己的立场。我们如果认为自己在对待孩子方面犯了什么错误，就应该请求孩子的原谅。

有的人会说，这样会让孩子看到父母立场不够坚定。我认为这样做会让孩子看到的是，父母有自我批评的精神，尤其是当我们表现出不公正的时候，这一点就尤为可贵了。在培养孩子的过程中总是呈现最好的一面，这对父母要求太苛刻了。我们也可以偶尔发怒，然后后悔反省。这样会使我们和孩子之间的关系更加真实，刻意表现反而会适得其反。等到孩子进入青春期的时候，这种真实的关系便会显得极为重要。

为了将来更好地照顾孩子，我们先要照顾好自己，给自己一些休闲的时间。成年人只有尊重自己了，才能尊重孩子。要清楚自己需要休息和制订个人规划。孩子想要的是幸福的家长，而不是为了减少顾虑而牺牲自我并且不快乐的家长。在外工作的妈妈有时觉得难以兼顾家庭，而全职太太又常跟外界脱节，没有最理想的平衡。每个女人都要找到自己的那个点，与自己内心的需求相契合。这个平衡随着妈妈和孩子的成长会渐入佳境。陪伴孩子，最重要的是当下的质量，而不是时间的堆积。

成年人陪伴孩子的质量取决于自己内心的从容。当家长的个人追求得到满足，也处于成长进步的状态时，陪伴孩子的质量就是最高的。我们不能一生都掩盖着自己内心真正的追求。

我们要懂得表达自己的需要。当我们精疲力竭、需要安静的时候，就会失去平日的从容和耐心，这时就要跟孩子表达出这种感受，让孩子来适应我们的状态。将心比心，别忘记孩子也会像所有人一样，时而阴天，时而晴天，当我们状态不好的时候，要不停地告诉自己，这很快会过去的！过去了，就会有轻松的日子。因此，不要对自己，更不要对孩子要求太高。父母并不会比孩子更完美！

孩子：允许他发泄情绪

我们也应该注意孩子的精神状态。如果孩子很失望、很沮丧，我们就不能像平时高兴的时候一样说话。我们和孩子应该相互体谅对方的情绪。这样尊重孩子，也是在教他尊重别人，学会相互尊重。所有的情绪都是可接受的，不能排斥任何一种情绪。我们也要有同理心，细心地注意孩子的状态，经常换位思考。要允许孩子发泄自己的愤怒，帮助他表达自己的感受。

我们和孩子经历的所有美好时光，都像珍贵的宝石一样，慢慢汇集起来，形成一颗有能量的大宝石，成为孩子和我们相互信任的源泉。等孩子长大后，我们会怀念曾经所有的时光。孩子小的时候那段岁月是很累人的，但充满了暖暖的爱。这种爱永生难忘，抚育孩子的过程，也滋养了父母。我们也应该能够用一种更加简约的方式来教养孩子，不崇尚娱乐主义和消费主义，不在乎物质所有，只教给他为人之本。

APPRENDS-MOI À FAIRE SEUL

大 家 说

为了一块碎饼干

卡特琳·迪蒙泰伊－克雷默（Catherine Dumonteil-Kremer ）

“碎饼干现象”就是父母们不能理解的一种心理创伤。当你的孩子在幼儿园度过了特别糟糕的一天，或者被社区公立幼儿园里的一个孩子欺负了，心情特别不爽时，突然看到你给他的饼干碎成了两半，他便会暴跳如雷。于是，他发泄出了积攒的所有怨气。这个发泄对孩子来说非常重要。

孩子也会拿“任性”当作情绪发泄的出口，你应该反思一下，从何时起，你再也没有真正给过他一个满意的回应。我们不能像过去那样打他，而是要给他一个情绪发泄的机会。

等孩子发泄完情绪，他就会从郁积的负面能量中解放出来，重新回到以前正常的状态，继续和睦幸福地生活。

当孩子情绪很糟糕的时候，要信任他。他总有一些合理的理由，即使你不能明白，但也应该支持他或者聆听他的倾诉。

大 家 说

智力超常的孩子

一位蒙台梭利小学 7 岁孩子的妈妈

我接触蒙台梭利教育法有两年了，当我的孩子 4 岁还在幼儿园中班的时候，他在传统公立学校遇到了很大的障碍，我急切地想找到一个方法来帮助他。通过法国智力超常儿童协会（AFEP）的智商测试，我了解到儿子的智力其实和常人不同，这才是这类孩子被误解和感到痛苦的根源。我们都想当然地认为他们最终会自己从中解脱出来，因为我们觉得他们是那么聪明。

我彻底失败了。孩子很沮丧，很痛苦，以致给他的生活造成了很多障碍。他产生了各种恐惧，特别害怕一些动物、球类、英语、衣服扣子等。我焦急地到处为孩子寻找一个适合他的教学系统。他不停地闹别扭，被学校开除。他也不想上学，甚至不想跟人交流，那时他才 4 岁啊！面对这一切，我们所信赖的传统公立学校却不接受我的孩子，不做任何调整，甚至认为都是我们的问题，跟他们没有关系！他们完全漠视我孩子的权利，太让我震惊了！为了孩子的权益，我们总得找到解决的法子。

我从网上找到了蒙台梭利教育法，上面写着“也适用于智力超常的孩子”。我一个最好的朋友在卢森堡工作，他告诉我那里有很多很好的蒙台梭利学校，但是我们完全不知道。我们决定去一所蒙台梭利学校注册。当时儿子个头很小，在同龄孩子当中不怎么活泼，也不太合群；他只有一个朋友，而这唯一的朋友最后也因为他的各种恐惧而受不了他了。

我们当时怎么也想象不到，蒙台梭利教育法会给儿子带来什么！

这不，现在儿子在蒙台梭利学校已经待了两年半，他的变化简直不可思议！在待到 6 个月的时候，他就完全变了，被彻底解放了。他的各种障碍全部消失，他重新找到了生活的乐趣！我们太惊讶了！周围所有人都发现了他脱胎换骨式的变化，然后问我们是什么事情让他变得这么开放，而以前他是那么封闭，甚至与人为敌。我告诉大家，这孩子只不过是换了一所学校，现在他在一个接受他本来样子的环境里，这个环境没有试图改造他，让他成为别人想象中的样子。事实上，当儿子刚进这所学校时，他就感到自己被认可和接受了。两个月后，他告诉我：“妈妈，应该拆掉所有的学校，只建蒙台梭利学校。”

一个温和而含蓄的 4 岁孩子能说出这样的话，说明了什么呢？

第一次面试的时候，我们和每个教师交流后，感到她们都能真正地了解我的孩子，了解他细微的心理状态，甚至比我们了解得都多！以前我们从来没感觉到那些教师是懂这个孩子的。最终，孩子的困难也被接受了，他的恐惧也被人重视了……蒙台梭利教育法非常适合像他这种有特殊情况的孩子。我们只不过是爱他本来的样子，他感受到了，很快就在我们的眼皮底下，神奇地激发了潜能。这一切带来的是，他不再害怕动物，也不再害怕球类，他还喜欢说英语，而且想在 7 岁的时候开始学习第三种语言！他对这个学校非常满意，因为他的求知欲得到了充分的满足。老师那么关注他的学习，面对他那么多层出不穷的问题，从不因为他的智商和实际年龄的不协调而犯愁。

另外重要的一点是，儿子在班里变得很放松，有了归属感，有时候甚至还能够胜任小领导！他完全适应了学校，真的获得了自信。而且他也长高了！

还有一个变化也很显著，就是儿子以前对规则总是怀有敌意，但在蒙台梭利学校慢慢地学会了接受它、服从它，这些在几个月之前是无法想象的。他的老师最近告诉我们，他不再将规则看作限制，而是将它看作一个框架，在这个框架里，他可以最大限度地自由发挥他的创造力。他的自理能力也得到了很大提高。他以前总是那么战战兢兢的，现在却适应得这么好，这一切在传统学校是不可能发生的。

如今，面对我们幸福、快乐的孩子，我和我的丈夫每当想起他在传统公立学校那两年从来不被人理解的日子，眼泪就会再次涌上来。

我们也变了。我们对待孩子的态度进步了，蒙台梭利教师给我们提供了榜样，我们变得更加温和，更有耐心！我们和孩子能更好地交流了，也更加注意孩子的行为。我们和教师交流得特别多，为了孩子，我们会和教师一起努力。她们对孩子的分析细致入微，我非常认真地听取这些建议。和教师的交流，让我们感觉自己才是培养孩子的主角，这和从前在传统公立学校与教师交流的方式很不一样，那时候我们总是被指责，感觉自己一无是处。我们特别感谢蒙台梭利教师教育我们的儿子和我们的第二个孩子，虽然第二个孩子完全没有智力超常的表现，但是他在蒙台梭利教育法中也获益良多，因为这个教育法适用于所有孩子。

我们发现蒙台梭利教育法跟随着孩子的脚步，接受他们的独特性，真正地在爱他们。教师们是以孩子为中心的，她们始终以孩子的利益为先，服务孩子，实在可敬。这样做并不会让孩子成为小皇帝，恰恰相反，我们感觉到蒙台梭利学校里的孩子们能够真正地互助合作，他们将文明礼貌和基础的课程看得一样重要。孩子们在蒙台梭利学校得到了全面的培养。

得益于蒙台梭利教育法，我们的孩子获得了全面发展！他现在各方面发展非常均衡，善于表达情感和爱。他的极度敏感曾经被认为是障碍，现在却变成了优势。以前不爱上学的他现在每天早上开心地跑到学校去，学校对他来说就像呼吸一样离不开！我的丈夫跟我说了同样的话："学校变成了孩子生命中的一部分，如同呼吸一样。"我现在是法国智力超常儿童协会的一员，在这个机构里，我不放弃任何一个机会，以推崇这个解救了我的问题孩子的蒙台梭利教育法。

| 家庭中的日常练习 |

蒙台梭利写道：

> 在孩子飞跃式的成长过程中，他会自然地被那些对他成长有益的活动所吸引，而自动忽略那些没有意义的内容。

不只是给孩子提供玩具，我们还要给孩子提供各种活动的机会。在家里，要让孩子像我们一样参与家务劳动。让他自己来，我们给他慢慢地拆解每个动作——比平时要慢很多，这样可以帮助孩子掌握操作的细节。我们也可以让孩子注意每一步完成之后的特殊效果。最重要的是相信他，不要说他没用，也不要让他感觉到自己很无能，多用鼓励的眼神让他尝试，看着他进步。

一个好的例子就是在厨房，我们敢让孩子自己打开鸡蛋壳吗？担不担心他分不清蛋黄和蛋清？孩子难道感觉不到我们的担忧吗？他在这种压力下能不失败吗？实践的技巧就在于，将困难的部分分开来进行。先学会打开鸡蛋壳，再学习怎样分清蛋黄和蛋清。如图 5-2 所示。

图 5-2　分清蛋黄和蛋清

在家里实践蒙台梭利教育法，不是说家长非要做到像教师那样操作教具，能够尊重孩子自发的兴趣就足够了。

针对 0 ～ 3 岁孩子的活动

这些活动包含感官、运动、精细动作练习等多方面：

- 照镜子。
- 用手掩着脸或者用手绢玩捉迷藏，这有助于孩子对物体永恒存在的理解。

- 将物体放入盒子里，让其消失再重现。
- 触摸不同的物品，让孩子学会区分、比较。
- 识别声音，比如动物的声音、音响设备的声音。
- 沿着马路边或者在路上沿着直线走，以锻炼平衡感。
- 卷东西。
- 描、画、涂色。
- 捏。
- 用小石头、花朵等进行大自然中的创造性组合。
- 探索各种材料。
- 串珠子。
- 肢体自由表达，最好配有音乐或者戴着纱巾跳舞。
- 乔装打扮。
- 走在路上或坐在车里时的观察游戏，比如：“谁看到了一辆红色小车？”
- 拼音练习。
- 用颜色区分扣子。

针对 3 ～ 6 岁孩子的活动

这些练习都很容易在家里进行。

照顾自己：

- 洗手。
- 刷牙。
- 梳头。
- 擦鼻涕。
- 系扣子。
- 穿衣服。
- 拉裤子拉链。
- 穿鞋子。
- 穿大衣。
- 戴手套。
- 叠布料。
- 叠衣服。
- 铺床。

- 选择衣服。
- 系鞋带。
- 系蝴蝶结。
- 擦鞋。
- 洗污点。
- 缝纫。

整理清洁：

- 扫地，掸尘，拖地。
- 卷东西。
- 拧干。
- 洗内衣。
- 晾内衣。
- 擦镜子或者别的东西。
- 开关水龙头。

在厨房：

- 安排餐具。

- 清理餐桌。
- 洗水果或蔬菜。
- 择菜，剥水果皮。
- 切水果或蔬菜。
- 榨果汁。
- 做饭。
- 洗碗。
- 清空洗碗机。
- 用勺子舀谷粒、米粒和水，或者使用小壶、杯子、吸管等。
- 倒谷粒、米粒、水等。

探索环境：

- 轻轻地走。
- 拿、放、搬运一个物体。
- 抬起来、放下、搬运一把椅子。
- 开关门窗。
- 开关锁、箱子、小瓶小罐。

- 使用夹子。
- 拧紧或拧开瓶盖。
- 挂上或取下一个物品。
- 折纸。
- 裁纸。
- 贴纸。
- 削铅笔。
- 浇花、插花。
- 收集树叶。
- 种下种子。
- 耙平石子。
- 照顾植物。
- 照顾动物。

文明礼貌小演练：

- 说“你好”“再见”“请”“谢谢”等。
- 接听电话。

- 不打断别人说话。
- 学会等待。
- 请求原谅。
- 请求帮助。
- 看着对方的眼睛。
- 帮助别人。

感官练习：

- 颜色游戏，配对或者找同色物品。
- 触感练习，感受粗糙和光滑、硬和软、冷和热、轻和重等。
- 配对或者远距离排序。
- 布料游戏。
- 神秘包游戏。
- 筛选。
- 识别气味，可以配对的方式进行。
- 识别口感，可以配对的方式进行。
- 识别声音，可以配对的方式进行。

- 识别动物的声音。

语言练习：

- 在百宝箱里选出一个物品，说出它的名字。
- 教孩子学会翻书、看书。
- 讲书上的故事，或者自己编一个故事。
- 一起编故事。
- 一起评论图片。
- 描述一件物品，由孩子猜物品的名字。
- 由孩子描述一件物品，你来猜名字。
- 识别蔬菜、水果和其他物品，一起谈论、描述、评价。
- 图片分类，涉及动物、学习用品、交通工具、修理工具、浴室用品、厨房用品等物品。
- 按顺序排列图片。
- 做游戏。
- 让孩子讲述一件事，描述一个人、一件物品、一个情景等。
- 让孩子表达自己的感情。

- 唱儿歌或读自己写的小诗。
- 角色扮演，通过情景演练来介绍文明礼仪。
- 编演滑稽剧、哑剧或有声的戏剧。
- 押韵游戏。
- 自创小诗。
- 读或者唱小诗歌。

书写准备练习：

- 用手指或者用笔描。
- 在沙子上用手指画画。
- 描摹磨砂字母。
- 可移动字母表。
- 在沙子或黑板上写字母。
- 自制小书。
- 制作小集子，如个人相册、画册、报纸杂志剪贴等。

数学练习：

- 数数。
- 磨砂数字。
- 具象和抽象的数字联系。
- 加法游戏。
- 乘法游戏。
- 减法游戏。
- 除法游戏。

科学练习：

- 观察一个东西在水中的浮沉。
- 观察物品是否被磁铁吸引。
- 观察植物生长。
- 在大自然中寻找东西。
- 养小蝌蚪、蜗牛、蚕，观察蚕变成飞蛾。

历史兴趣的培养活动：

- 用孩子的照片展现孩子成长的过程。
- 用曲线图来表明孩子和家人的年龄。
- 家谱树。
- 日历表。
- 按照孩子的年龄制作一个时间谱。
- 在孩子生日的时候，让他玩围着太阳转圈的游戏，跟他解释说转上一圈就是一岁，比如孩子三岁的时候，让他拿着地球仪围着太阳转三圈，当他转完一圈，就说一年过去了，同时展示一张他一岁时的照片，这样可以让孩子形象地理解他的生活，我们也可以将一根蜡烛放在圈的中间，下面放一个橘黄色的卡片来代表太阳。
- 具象表现时间，可以拿三个不同尺寸的日历，日历的每一页代表一天。在一段特定时期内，每过一天，我们就撕掉每个日历上的一页，然后将其一张接一张地粘在一个对应大小的卷筒上。在这段时期结束后，将三个卷筒打开，比较长度，我们会发现它们是成比例的。

地理兴趣的培养活动：

- 地球仪和卡片。
- 地理拼图。
- 不同的大陆配上相应的卡片、照片和图片，在地图上定位。
- 本国与外国的联系。
- 将新闻和当地影像结合。

APPRENDS-MOI À FAIRE SEUL
大 家 说

那些支持蒙台梭利教育的名人

一手缔造亚马逊的杰夫·贝佐斯（Jeff Bezos）和两位谷歌创始人拉里·佩奇（Larry Page）、谢尔盖·布林（Sergey Brin），都将自己的成功很大一部分归功于在蒙台梭利学校接受的教育。他们说这种教育教会他们独立思考，给予他们追随天赋的自由，让他们展翅高飞！

还有许多其他的蒙台梭利教育支持者。

从蒙台梭利教育系统出来的学生：美国前第一夫人杰奎琳·肯尼迪、英国皇室的威廉王子和哈里王子、《安妮日记》的作者安妮·弗兰克、美国小提琴家乔舒亚·贝尔（Joshua Bell）、模拟游戏大师威尔·怀特（Will Wright）、演员迈克尔·道格拉斯（Michael Douglas）、乔治·克鲁尼（George Clooney）等。

将孩子送到蒙台梭利学校的家长：歌唱家波诺（Bono）、雷诺（Renaud）、雅尼克·诺阿（Yannick Noah）等。

通过其他方法来支持蒙台梭利教育法的人：作家海伦·凯勒（Helen Keller）、发明家爱迪生、福特汽车公司的创立者亨利·福特（Henry Ford）、第一个在加拿大和美国建立蒙台梭利班级的人亚历山大·格雷厄姆（Alexander Graham）、法国思想家阿尔贝·雅卡尔（Albert Jacquard）、心理学家埃里克·埃里克森（Erik Eriskson）、个体心理学创始人阿尔弗雷德·阿德勒（Alfred Adler）、儿童心理学家让·皮亚杰、“圣雄”甘地、心理学家安娜·弗洛伊德（Anna Freud）、哲学家罗素等。

让孩子自己来

孩子生来就有无法预估的潜能。他生来就是为了成为他自己。如果孩子能够在一个充满爱和自由的环境中充分发展，这些潜能就会发挥到最大，孩子会懂得尊重自己，也会尊重别人，实现自我成长。

养育者应该帮助孩子自我成长，帮助他成为他自己，成为独立的个体。不尊重孩子发展规律的教育是行不通的。

孩子需要成年人，成年人也需要孩子。这“人类的两极”，就像蒙台梭利所说，是相互影响的。

蒙台梭利教育法最主要的宗旨，就是促进孩子建立自信、自尊、好学和容易满足等正面价值观。孩子自发的探索也增强了他对工作的热爱，这是在信任的环境中实现自我成长的生活方式。这种教育法更鼓励自发探索，而不是知识的灌输；更鼓励合作，而不是竞争。孩子天生渴望学习和成长，给他提供一个可以让他随时能满足这种渴望的环境，就是给予他的最好礼物，给他自由和内心的平和，就是给他幸福。

蒙台梭利在《吸收性心智》中写道：

> 不要按照当今世界的要求来培养孩子，这个世界等他们长大后就变了。没有谁能知道他们的世界是怎样的。所以，教会他们怎么去适应未来的世界吧。

教育最根本的目的就在于让孩子懂得为人处世的道理，学会体验过程，而非占有一切。

蒙台梭利教具举例

◆ 布料游戏

使用材料：

盒子里至少有 4 对天然布料，比如毡子、海绵、呢绒、麻布、牛仔、丝绒等，如图 A-1 所示。

适用年龄：

3 岁到 3 岁半。

直接目的：

锻炼精细触觉。

图 A-1　布料游戏

间接目的：

通过精细感官进行评估、选择和决定，促进智力开发。

基础活动：

邀请孩子操作布料教具。请孩子拿起布料盒子，然后将其放在桌子上。洗手，将手擦干，让手指触觉更敏感。成人坐在孩子的右边，让孩子打开盒子并将盒身叠放在盒盖上，成对地取出布料，一块在盒子下方排成一列，另一块叠放在盒子左侧，全部取出后合上盒子。成人和孩子一起轮流摸盒子下方一列的布料。

从触感最鲜明的两种布料开始，先由成人一种一种地介绍布料的名称，然后让孩子复述。将放置在左边的一叠布料不按顺序排在已经摸过的布料右侧，也排成一列。拿出左侧的第一块布料摸一摸，让孩子通过触摸右侧的布料，找出成对的。一旦配对成功，就将成对的布料叠放在盒子右侧。请孩子继续配对。游戏结束后，也可以让孩子重新开始玩，还可以让孩子闭上眼睛来操作。

扩展与延伸：

提议让孩子蒙上眼睛或闭上眼睛来做练习。展开布料，给孩子左侧的第一块布料，然后让孩子通过触摸在右侧找到相同的布料，依此类推。也可以同时给孩子两块布料，问他是否一样，放下后再找两块，再问一次是否一样，然后问他这两块跟前两块有没有相同之处，依此类推。

要点提示：

可以在第二个盒子里放入区别更细微的布料，如缎子、丝绸、罗纱、薄纱、塔夫绸等。

可以找棉花、羊毛、春蚕的照片，给孩子解释这些布料是怎么来的。

◆ 神秘包游戏

使用材料：

在一个小包里装 10 个小玩意，或者在两个同样的包里装 10 个不同的几何体，如图 A-2 所示。

适用年龄：

3 岁到 3 岁半。

图 A-2　神秘包游戏

直接目的：

立体几何的精确认知，只通过触觉分辨出形状或者几何体。

间接目的：

通过精细感官进行评估、选择和决定，促进智力的开发，为未来学习几何做准备。

基础活动：

邀请孩子操作神秘包教具。洗手，将手指擦干，让手指触觉更敏感。请孩子拿起第一个包，并将其放在桌子或地毯上。坐在孩子右边，将手伸到包里，选择一个物品，让孩子明白我们不看这个物品，只是通过触摸来猜出它是什么。说出这个物品的名字，然后将其拿出来，接着让孩子重复。两个人轮流来，直到将包里的物品掏空。

扩展与延伸：

两个同样的包，一人拿一个。和孩子一起将手伸进各自的包里触摸这些几何体。问孩子："我们要把什么拿出来？一个正方体怎么样？"然后将正方体拿出来，孩子也这样做。请孩子选择下一个几何体，轮流进行。最后将这些物体配对。一旦包空了，就将所有的物品再放回包里。如果孩子愿意的话，可以再玩一次。最后将包收好。

要点提示：

可以三个孩子一起玩。一个孩子当裁判，让另外两个孩子拿出一个几何体，看谁拿得更快。

经常更换包里的小物品。

◆ 拼音游戏

使用材料：

在一个托盘和一个篮子里放十几个小玩意，这些小玩意可以常常更换，如图 A-3 所示。

适用年龄：

2 岁半到 4 岁半。

直接目的：

拆解拼音。

间接目的：

为从书写过渡到阅读做准备。

图 A-3 拼音游戏

基础活动：

可以几个孩子一起做，孩子年龄不同，操作方法也不一样。

2 岁半到 3 岁：邀请孩子一起做一个游戏。成人拿着教具坐在孩子的右边。先将篮子放在一边，托盘放在孩子面前。随机从篮子中选择一个物品并放在托盘上，问孩子："我看到托盘上有一个小东西是以'm'开头的，请问我看到的是什么？"一旦孩子回答出来，就将这个物品放在一边，再拿起另一个放在托盘上，继续询问，依此类推。最后将所有物品都放回原处。

3 岁到 3 岁半：与上面的练习相同，但要同时拿两三个物品，孩子需要从中选出正确的那个。

4 岁到 4 岁半：可以使用磨砂字母和移动字母表。拿出以相同音节开头的物品，说："我看到一个物品是以'p'开头、以'o'结尾的。"请孩子选出正确的那件物品。或者拿出好几件物品，问孩子哪一个的发音是以"f"或者"g"开头的。还可以拿出三个物品，问孩子哪个里面有"p"的音，包含一个答案；哪个里面有"d"的音，包含两个答案；哪个里面有"n"的音，包含三个答案。逐渐增加难度，直到问孩子是否知道同一个物品里面的两个音。

要点提示：

根据孩子的兴趣，有规律地做这个练习。

◆ 磨砂字母

使用材料：

26 块带有磨砂字母的小木板，如图 A-4 所示。

适用年龄：

4 岁。

直接目的：

学习 26 个字母。

间接目的：

为书写和阅读做准备；通过描摹形成肌肉动作，用记忆、视觉、触觉和听觉等多种感官识别字母。

图 A-4 磨砂字母

基础活动：

邀请孩子来操作磨砂字母。问孩子他的名字是以哪个音节开头的，并请他拿出这个字母。发出这个字母的音，然后问孩子是否还认识其他以这个字母开头的字。用食指和中指轻轻地描摹这个字母，然后发音，请孩子也一样描摹和发音。用同样的方法介绍另外两个字母，然后用“三段式教学法”来巩固学过的这三个字母。教学结束后，将教具放回原位。

扩展与延伸：

过几天，经过检查确认孩子将前面这三个字母记住后，再教他另外三个字母。依此类推，直到认识所有字母。再往后，就给孩子介绍整体认读音节，如 zhi、chi、shi 等。[①]

在沙子中用一根或两根手指描摹一个字母，同时发音。请孩子也这么做。

要点提示：

如果“三段式教学法”对于刚学会三个字母的孩子来说还很困难，那就先做两步。

---

① 原文为法文音节，此处根据中文拼音改编。——译者注

一切无用的帮助都是孩子发展的阻碍，在磨砂字母上不要放置任何箭头或小贴纸。

要为了解孩子进入书写过程的哪个阶段做准备。每个孩子都有一个自己完成或者和成人一起完成的卡片，在字母表上用红色标记出孩子已经认识的字母，并在上面写上孩子的名字，将字母表挂在墙上。

当孩子认识了十几个字母后，就可以使用移动字母表了。

谢谢我的丈夫 Stanislas，谢谢我的孩子 Solange、Jean-Baptiste、Jeanne 和 Célestine。

谢谢法国国际蒙台梭利协会主席 Nicole Thomas 和玛丽亚·蒙台梭利高等学院院长帕特里夏·斯皮内利。

谢谢国际蒙台梭利协会的教师阿梅莉·伯恩和 Nadia Hamidi，她们帮助我完成了本书第 4 章的部分内容。

谢谢 Anne Ghesquière 和 Juliette Dumont 对我的信任。

谢谢所有见证此书出版和对此书有所贡献的人：图泽、马夏雷尔、德勒古、Marino、Émilie、Héléne、Anne、Martin、Alice、Séverine、Geneviève、Claire、Bernard、Béatrice、Christelle、Marie、Caroline、Paul、Gabin、Raphaëlle、Lucie、Tiphaine、Marine、Louise 和 Appoline。

谢谢让我拍摄照片的学校，包括蒙特勒伊（Montreuil）世界孩子学校、巴黎英语小蒙台梭利学校、鲁贝圣女贞德研究所，以及桥连城（Joinville-le-Pont）瓦勒德马恩蒙台梭利双语学校。

感谢我的国际蒙台梭利学校的所有成员和帮助我撰写这本书的所有人。

最后，感谢国际蒙台梭利协会主席安德烈·罗伯弗洛伊德为本书作序。

多年前，在巴黎索邦大学举办的蒙台梭利教学研讨会上，本书的作者普桑女士找到我，她说终于找到了翻译这本书的最佳人选。虽然法国出版社为她提供了很多专业的翻译人士，但普桑女士坚持认为只有一个真正的蒙台梭利教师才能将蒙台梭利教育理念用精准的汉语表达出来。

普桑女士是一位充满活力且平和睿智的新女性。初次见她，绝对想不到这位美丽、窈窕的法国女子那时已经是 4 个孩子的妈妈了。普桑曾经是巴黎一所蒙台梭利学校的校长，几个孩子都在蒙台梭利学校就读。她有多个国家的一线教学经验，曾经跟着丈夫，带着几个孩子走南闯北，生活阅历非常丰富。

自那之后，我和普桑女士便成了无话不谈的好朋友，在巴黎工作的几年里，她也多次邀请我去她家做客。印象最深的一次是，她怀第5个孩子不到7个月时，因为突遇早产风险而住院，度过了混乱的两周。出院回家的那一天，刚好是之前和我约好见面的日子，当我听说她这边的情况后想推迟见面，她却坚持要见。

普桑女士在卧室接待了我们夫妻，笑谈说：这是她人生第一次在卧室里见朋友。我们4个成人畅聊很久，4个孩子则为我们准备了丰盛的晚餐。和普桑女士的每一次相处，都让我真切地感受到一位独立、成熟女性的魅力，这是一位真正的蒙台梭利教育者。因为《蒙台梭利教育精华》与普桑女士结缘，这是我在法国几年中最宝贵的财富之一。

如今已离开法国很多年，我也出版了自己的第二本书，再次翻开10年前翻译的《蒙台梭利教育精华》，与当初又有了完全不同的感受。

10年前，我只是捧着一堆文凭和资格证的新手老师，来到孩子面前，发现自己学了那么多知识，竟然还是搞得一地鸡毛。当时白天手忙脚乱地打理教室，晚上翻开这本书，一边翻译，一边寻找能尽快让蒙氏班级正常化的答案。

虽然直到翻译完整本书，我都没有找到解决实际问题的答案，但是这本书给了我莫大的信心和勇气，尤其是在开学之初的家长会上，它实实在在地帮助我和家长们建立了最初的信任和理解。这些对教育环境颇为挑剔的巴黎家长私下和校长说：你的选择是明智的。也许大家想象不到，一个亚洲面孔进入法国的幼儿教师系统，并且得到认可，是多么不容易！

这一切真要好好感谢普桑女士的书，如果没有她的书，我真无法将自己对教育的理想和热情用准确精练、逻辑清晰的法语表达出来。虽然我一开始便得到了家长们的认可和支持，但是说实话，我第一年的工作其实是愧对这些家长的期望的。理想很美好，理论很完善，但是真正从理想、理论到实践，还是需要走很长很长的路。在法国幼儿园工作的第一年，大部分时间我都在疲于应对；到第二年才好转起来，并且看到了曙光；到了第三年，才真正感觉到轻松自如，真切体会到蒙台梭利教育的魅力，看到了蒙台梭利教育环境下，孩子的无限潜能。

就在这个时候，我的女儿出生了。有了带班经验，带娃自然就自信、高效很多。而带娃与带班的最大一点不同就是：我不再从书里寻找答案，而是直接从孩子那里寻找答案。我花了大量的时间去观察、记录孩子的点滴发展，以及我与孩子的互动过程。很多困惑就在这个过程中自然而然地解开了。

在实践中学习，我从一个思考者变成了一个行动派。有了想法就去做，而不是犹豫和等待，不断地琢磨：这个想法完美吗？还有没有更好的？不纠结，直接去实践，从孩子那里得到即时反馈，然后调整对策。与孩子一同成长，这样回过头来会少很多遗憾。

这也是为什么我在伴随孩子成长的同时，创作完成了两本书——《蒙台梭利家庭方案：0～3岁》《蒙台梭利家庭方案：3～6岁》，因为我积累了太多实践中的记录和思考。我相信这两本书拥有一种魔力，爸爸妈妈看着它们，就想立马行动起来。当父母们实践一段时间之后，自然会对实践背后的理论全貌产生兴趣，于是这个时候再读《蒙台梭利教育精华》，共鸣和启发就会更多。

就像蒙台梭利教具的最大特点之一，就是将抽象的内容具象化。而从我创作的这两本《蒙台梭利家庭方案：0～3岁》到《蒙台梭利教育精华》一书，再到蒙台梭利原著，也是一个从具象到抽象的过程。如果一开始就读理论，便给家长设置了太高的门槛，很容易让人觉得晦涩难懂而放弃，之后便也没机会真正体验蒙台梭利教育的魅力了。所以，这三本书，相当于蒙台梭利教育理念的桥梁书，带着父母，像"蒙氏儿童"一样，逐步地从具象走向抽象，最后实现教育认知和实践能力的全面提高。

在第一本书出版后的一年多里，我收到了很多读者的留言，他们从众多书中选择了《蒙台梭利家庭方案：0 ～ 3 岁》，因为这本书让他们毫不犹豫地行动了起来。在行动的过程中，他们重新认识了孩子，之后便自发地翻阅起了《蒙台梭利教育精华》，非常畅快地读完了曾经觉得枯燥、抽象的教育理论。

回到开头，时隔 10 年，我现在重读《蒙台梭利教育精华》这本书，有什么感受呢？

想起另一次去普桑女士家做客，她的先生非常自豪地给我们展示普桑女士关于《蒙台梭利教育精华》这本书最初的写作框架图，密密麻麻一大页。蒙台梭利教育涵盖的内容太多了，不是几个关键词就可以代表的，独立、自信吗？远远不够。蒙台梭利教育法有一套完整的理论体系，并且有与之配套的实操体系，在蒙台梭利博士最初为幼儿园设计的体系基础上，后来又逐渐发展出了 0 ～ 3 岁和 6 ～ 12 岁阶段的教育体系，现在正在发展 12 ～ 18 岁阶段的教育体系。同时，很多父母身份的蒙氏理念追随者也一直在将这个体系转化成家庭版。

蒙台梭利博士写了几十本艰深的理论图书来表达她的教育观点。

很多“蒙氏人”能深入，但无法浅出；能拔高，但没法落地。普桑女士能将如此庞大的体系整合成一本深入浅出的小书，功力可见一斑。

重读完《蒙台梭利教育精华》，我立马给普桑女士发去一封邮件，邮件是这么说的：

> 亲爱的普桑，因为图书再版，我为再写译者后记而重读了你的著作，发现《蒙台梭利教育精华》很巧妙地将庞大的蒙台梭利教育法整合、精简成了一本小书。这真的需要将这些理念读通、读透，并且经过多少年的实践和总结，才能达到这样的高度。这么多年过去了，我自己也写了两本书，这才更加深刻地体会到了这一点。怪不得这本书能在法国畅销至今。非常感谢你。

从实践到理论的学习过程降低了门槛，增强了家长们深入和坚持的信心。当然，如果你是一位理论爱好者，《蒙台梭利教育精华》便适合做两本《蒙台梭利家庭方案：0～3岁》的导读。我的学习过程便是如此，从开始学习蒙台梭利教育理论，然后实践，接着是反思和总结，最后再回到理论。这也是一个完整、有效的学习循环。

不论是从理论到实践，还是从实践到理论，我们都要将理论和实践相结合。这和国际蒙台梭利教师的培养体系一致。有了理论没有实践，犹如空中楼阁，家长不能及时转化到家庭教育之中；而有了实践没有理论，便无法深入理解蒙台梭利教育法的精髓，也不能反过来促进实践的方向和效果。

因此，感谢湛庐的编辑将三本书整合成一个套装，方便对蒙台梭利教育感兴趣的家长更高效地找到适合自己的学习途径，进入蒙台梭利教育世界，建立新时代的儿童观、教育观，成为儿童成长之路上的助力，而不是阻力。

未来，属于终身学习者

我们正在亲历前所未有的变革——互联网改变了信息传递的方式，指数级技术快速发展并颠覆商业世界，人工智能正在侵占越来越多的人类领地。

面对这些变化，我们需要问自己：未来需要什么样的人才？

答案是，成为终身学习者。终身学习意味着具备全面的知识结构、强大的逻辑思考能力和敏锐的感知力。这是一套能够在不断变化中随时重建、更新认知体系的能力。阅读，无疑是帮助我们整合这些能力的最佳途径。

在充满不确定性的时代，答案并不总是简单地出现在书本之中。“读万卷书”不仅要亲自阅读、广泛阅读，也需要我们深入探索好书的内部世界，让知识不再局限于书本之中。

湛庐阅读 App：与最聪明的人共同进化

我们现在推出全新的湛庐阅读 App，它将成为您在书本之外，践行终身学习的场所。

不用考虑“读什么”。这里汇集了湛庐所有纸质书、电子书、有声书和各种阅读服务。

可以学习“怎么读”。我们提供包括课程、精读班和讲书在内的全方位阅读解决方案。

谁来领读？您能最先了解到作者、译者、专家等大咖的前沿洞见，他们是高质量思想的源泉。

与谁共读？您将加入到优秀的读者和终身学习者的行列，他们对阅读和学习具有持久的热情和源源不断的动力。

在湛庐阅读 App 首页，编辑为您精选了经典书目和优质音视频内容，每天早、中、晚更新，满足您不间断的阅读需求。

【特别专题】【主题书单】【人物特写】等原创专栏，提供专业、深度的解读和选书参考，回应社会议题，是您了解湛庐近千位重要作者思想的独家渠道。

在每本图书的详情页，您将通过深度导读栏目【专家视点】【深度访谈】和【书评】读懂、读透一本好书。

通过这个不设限的学习平台，您在任何时间、任何地点都能获得有价值的思想，并通过阅读实现终身学习。我们邀您共建一个与最聪明的人共同进化的社区，使其成为先进思想交汇的聚集地，这正是我们的使命和价值所在。

著作权合同登记号　图字：11-2023-150
Original French Title: Apprends-Moi à Faire Seul by Charlotte Poussin

图书在版编目（CIP）数据

蒙台梭利教育精华：让孩子自信又独立 /（法）夏洛特·普桑著；尹亚楠译．-- 杭州：浙江科学技术出版社，2023.6

ISBN 978-7-5739-0589-5

Ⅰ．①蒙…　Ⅱ．①夏…　②尹…　Ⅲ．①学前教育—教育理论　Ⅳ．① G610

中国国家版本馆 CIP 数据核字（2023）第 067714 号

书　　名　**蒙台梭利教育精华：让孩子自信又独立**
著　　者　[法] 夏洛特·普桑
译　　者　尹亚楠

出版发行　**浙江科学技术出版社**
地址：杭州市体育场路 347 号　邮政编码：310006
办公室电话：0571-85176593
销售部电话：0571-85062597
网址：www.zkpress.com
E-mail:zkpress@zkpress.com
印　　刷　唐山富达印务有限公司

开　　本	710mm × 965mm　1/16	**印　　张**	14.25
字　　数	145 000	**插　　页**	1
版　　次	2023 年 6 月第 1 版	**印　　次**	2023 年 6 月第 1 次印刷
书　　号	ISBN 978-7-5739-0589-5	**定　　价**	89.90 元

责任编辑　陈淑阳　　**责任美编**　金　晖
责任校对　陈宇珊　　**责任印务**　田　文